DEBATTE 23

BERND MATTHEUS

heftige stille

andere notizen

MATTHES & SEITZ

 Herstellung und Umschlaggestaltung: Bettina Best, München, unter Verwendung einer Zeichnung von Alberto Giacometti. Gesamtherstellung: Auer GmbH, Donauwörth. ISBN 3-88221-366-3

. . . le silence ne me garde pas,
mais m'expose plutôt, et cela
est juste: il n'y a pas de silence
gardien.

maurice blanchot

gestern nacht sentimental letter an k. appell zum vertrauen in die unbegrenzten inneren möglichkeiten des menschen. seine chance erkennen und ergreifen.
mich zurückhalten, betrunken etwas zu schreiben.

*

wenn mir jemand wie l. sagt, daß ihm gefühlsregungen wie eifersucht fremd seien, kann ich mitleid empfinden oder mir sagen, es ist ein mutant von einem anderen planeten. ich weiß aber, daß er alles andere als das *ist.*

*

die monotonie in guyotats «körpersprache» läßt mich zu rum mit cola greifen. nach fünftägiger arbeit (à 10–12 stunden) an der übersetzung dieses textes suche ich – angewidert – fluchtartig eine bar auf – was den autor ehrt!

*

angesichts der 13 000 selbstmörder jährlich, erscheint mir das getöse der medien um die ‹rettung› von knapp 100 ‹menschenleben› wie sarkasmus. diese geiselbefreiung per militäreinsatz (man sprach von einer neuen ss), mit der sich der staat brüstet, kam wie gerufen, um mit dem glanz des spektakels abzulenken von seiner zunehmenden tendenz, die von ihm beherrschten menschen zu sozialfällen, seine opfer zu delinquenten zu machen und seine gegner zu kriminalisieren. wer in diesem asozialen system auf der menschenwürde beharrt, der wird verheizt: arbeitsdienst, berufsverbot oder suizid lauten die angebote. eine welle psychologischen terrors, angeheizt vom vielstimmigen ruf nach einem ‹starken› staat.

*

nacht des 14. juli (nacht eines lächerlichen menschen). auf die revolution getrunken, auf einen geburtstag, bei dem meine gegenwart nicht gewünscht wird. ich habe meine trauer in einem einzigen schrei herausgebrüllt. ich glaubte wirklich für einen moment, alles materielle würde unter der wirkung dieses schreis pulverisiert.
aber nein: die grauen trottel verfügen über zu viele gewißheiten.

larvierte depression, die mich ohne einen plausiblen äußeren anlaß plötzlich gefrieren läßt. sind es schuldgefühle oder das bewußtsein, zu allem und jedem heterogen zu sein, ohne irgendwen zu wissen, den ich jederzeit erreichen könnte?

*

der schwarze punkt, die angreifbare stelle in artauds œuvre: der *schrei* nach gerechtigkeit, da alles schreien moralistische züge hat. blieb er bei der ‹christlichen besessenheit›, also der äußersten verneinung des lebens stehen? nichts und niemanden verraten hieße also schweigen.

*

e., c. und ich saßen vor guiness an einem tisch herum, als ein typ dazukam, der sich etwas zu essen bestellte, währenddessen idiotisch witzelte. e. aß von seinem teller, gab ihm ihre telefon-nummer – als einem künftigen ‹käufer›. der typ charakterisierte uns als ‹frühling, sommer, herbst, winter› – mich als winter.

ich wechselte mit c. das lokal, um einmal mit ihr reden zu können, ohne daß sie das gefühl hätte, sich andauernd ‹produzieren› zu müssen. wie e. dann, provozierte sie zwei billard-

spieler. ein schönes gespräch, wenn ich bedenke, daß wir so selten nach unseren wünschen und träumen gefragt werden, deshalb uns meist ziemlich abstrakt äußern.
e. folgte später mit dem fremden, dem sie nicht vom arm wich (mitleid und dankbarkeit, da er die zeche für alle bezahlt hatte?).
in der nacht delirierte sie «du bist doch (oder wirklich) der winter». völlige amnesie am nächsten tag.

*

eine nacht während der fußballweltmeisterschaft. in der kneipe ausschließlich frauen. sie kopieren das thekenritual der männer. zum spaß frage ich irgendein mädchen, ob wir nicht irgendwo anders hingehen wollten. ich bekomme in aller ausführlichkeit und mit todernst zur antwort, daß es *auf diese art* nicht ginge. – ich sehe mir die fotos des barholders an, die er neulich von seinen gästen gemacht hat. ich behalte das mit v. zurück, winke w. heran, um ihm ein bild zu zeigen, auf dem er sehr glücklich wirkt.
nach stunden gehe ich, begleitet von zwei freaks. vor dem haus der schumacherstraße bedrängt mich der eine derart, daß ich ihn zu einer prügelei herausfordere (ich hatte für einen augenblick das gefühl, er wolle mich fünf

meter tief über ein geländer hinabstürzen). es kam nicht zu der schlägerei, und die beiden zogen ab, um «anständige mädchen» aufzureißen, wie sie sagten.

*

gefahr der sprache für die geistige freiheit. – jedes wort ein vorurteil. (nietzsche)

*

kampf dem (selbst)bewußtsein?
«denn das dem einen und dem ich eigentümliche ist es, sich nicht selbst zuzusehen, niemals, und *zu handeln.*
das dem double, dem zweifachen eigentümliche ist es, immer dem handeln zuzusehen.»
artaud, *histoire entre la groume et dieu*

*

– es würde sich vieles ändern, wenn sich die leute am frühstückstisch ihre träume erzählten.
natürlich müßte das dann jeder der anwesenden tun.
– wenn du so empfindlich bist, kannst du gleich den revolver nehmen!

*

als ich p. das erste mal sah, trank sie so ungeheuer viel, daß ich ihr einige biere spendierte. profi, sieht man ihr die trunkenheit nie an. – ihrer habituellen zerbrechlichkeit (vogelartig) korrespondiert ein beinahe rüder ton. vogelartig: bei zustimmung nicht bloß heftiges kopfnicken, der ganze körper schwingt mit. das weiße ist es, das die aufmerksamkeit auf die unruhigen, wandernden augen lenkt; es ist dies eine verhüllungspraktik: die unstete pupille, die manchmal ins leere zu verschwinden droht, verrät nicht, vorauf ihr blick fixiert ist; das weiße der augen blendet.
die leichtgewichtigkeit ihrer erzählungen oder die knappen antworten, die ich ihr abpressen muß, beruhen vielleicht auf der furcht, durch sprechen ihren zustand zu verraten, für unzurechnungsfähig zu gelten. andererseits trinkt ja nur der, der nicht (mehr) sprechen kann, nicht mehr sprechen will, weil er an den kathartischen effekt des gesprächs nicht mehr länger glaubt.

*

an der theke, kurz vorm versinken. gegen mitternacht treffe ich l., der gerade aus dem kino kommt. kann ihn nicht zum bleiben überreden (er war stoned).
verzweiflung auf dem heimweg.

in dieser nacht schreibe ich an ihn und e., wütend über ihre indolenz. ich sollte mich zurückhalten, ‹blue› etwas zu schreiben.

*

psychotische wellen kommen in diesem jahr auf mich zu. nur noch spaltende prozesse, bis das leben von mir selbst abgetrennt ist. so, getrennt von den letzten drei konnexionen, hat keine aktivität mehr sinn.

*

sieh endlich ihre gleichgültigkeit, vulgarität, gefühllosigkeit, ihre selbstgerechtigkeit, ihren egoismus – sonst wirst du zu jenem fou, der leere briefcouverts abschickte und vorgab, liebesbriefe zu schreiben.

*

habe ich nicht seit langem die selbstauflösung gesucht, das aufgehen in allem, nicht eine irgendwie begrenzte ‹harmonie›? (so das paramystische stranderlebnis in *tarantula*.) aber das fällt einem zu oder bleibt aus, das widersetzt sich dem willen, dem ‹programm›.

*

bevor ich sie kannte, war ich ‹krank› und vereinsamt; seitdem ich sie kenne, trägt meine ‹krankheit› ihren namen.
fluch dieser papiernen beziehungen.

*

der zweite black spring
... seine trauer und verzweiflung datieren!

*

du siehst mich ja selten fröhlich, besser: ausgelassen, und das singen ist mir fast völlig vergangen. nicht das tanzen, glücklicherweise auch nicht das lachen. bloß muß ich oft die kleinste freude teuer bezahlen, büßen; unabhängig von der situation, dem ort und den menschen, überfällt mich manchmal etwas unbenennbares, das alle freude oder auch bloß heiterkeit zerstört.
bis heute wußte ich nicht, daß es tiefsitzende schuldgefühle sind, die diese namenlose trauer hervorbrechen lassen ... (brief für l. g.)

*

ich bin immer erstaunt darüber, mit welcher leichtigkeit sich frustrierte frauen zweiten mitteilen, wenn sie über ihre ehemaligen liebhaber herziehen. offenbar ahnen sie nicht, daß das wie ihres tuns sie in meinen augen herabsetzt. nicht allein, daß jeder – also auch ich – damit rechnen muß, auf die gleiche weise besprochen zu werden; die negativen seiten der ex-liebhaber verweisen außerdem auf die menschenkenntnis (oder ihr fehlen) und die wünsche der frau, die gerade lamentiert, denn sie hatte sich ja schließlich eines tages für diesen bestimmten mann entschieden.

*

ein kontinuum der begierde und das verbot, das heißt die empfindung, eine grenze zu überschreiten, und die damit verbundene angst, sind untrennbar voneinander. die erotik ernst nehmen heißt sie als gewaltsame grenzüberschreitung begreifen.

*

ich muß sehr anspruchslos sein, wenn die tatsache, daß mich ein mädchen unterfaßt, weil ich vor trunkenheit im zickzack gehe, einen ganzen öden abend für mich aufwiegt.

*

«man haßt das, was man fürchtet, das also, was man sein kann, was man, wie man fühlt, ein wenig ist.» (c. pavese, 29. 9. 38) meine empfindlichkeit gegen die indolenz, gegen vulgäres und banales, gegen die gemeinheit und geschwätzigkeit.

*

verlustängste – die angst, sich zu investieren – befallen manchmal diejenigen, die sehr wenig zu verlieren haben: so klein ist ihr ‹kapital›.

*

double-bind. – «sie beansprucht rücksichtslos meine zeit, sie geht mir auf die nerven.» – «sie ist der einzige mensch, mit dem ich reden kann (dem ich vertraue).»
«du bist zu heftig. – du bist zu verkrampft.»
geschenke – da verpflichtend – erschrecken sie. – sie erwartet ständig gunstbeweise ... etc.

*

«was treibt jemanden wie dich eigentlich hinter dem ofen hervor?» (w. zu meinen kneipentouren)

*

die korrumpierbarkeitsprobe – ich wünschte sie jedem, der sich in irgendeiner form artikuliert.
was mich angeht, ich glaube, die unzufriedenheit – selbst bei materieller uneingeschränktheit oder sinnlicher sättigung – würde domi-

nieren. doch wie stark, wie unerschütterlich ist diese überzeugung wirklich?

*

während der vierzehn tage von b.s abwesenheit habe ich mich als abenteurer entdeckt, als jemand unberechenbaren.
eine ‹schwarze seite› ist allerdings die latente aggressivität, die einmal dazu führen könnte, daß ich mich oder einen anderen menschen töte, aus willkür, die ich bisher immer in harmlosigkeit umbiegen konnte. (der impuls, d. aus dem fenster zu werfen, and so on.)

*

«... in dem, was er schreibt, verteidigt jeder seine sexualität.» (barthes, *über mich selbst*)

*

antonin artaud kam nachts im traum zu mir ... sehr herzliche begegnung. er begutachtete amüsiert die ‹sekundärliteratur›, erkannte j. prevel, und selbst seine eigene handschrift nicht wieder. –

*

die kaputte frau («ich bin bloß eine barschlampe»), mit mir schmusend, nach ‹feierabend›, in einem frühlokal: «du denkst, ‹mein mädchen macht das nicht›!»

*

ich und meine einsamkeit – das ist zuviel für euch

*

... darum ist das *begreifen* der empirischen wirklichkeit eine art *tötung.*» (a. kojève ad hegel) cf. artaud: «ein ausgesprochener gedanke ist ein toter gedanke.»

*

mutwillig, willkürlich, gleichgültig, stumpf, intensiv, couragiert, rücksichtslos, radikal, infantil, hypochondrisch, begeisterungsfähig, kalt, zärtlich – die kakophonie als profil eines menschen!

*

das mich kennen oder gar «verstehen» hilft mir gar nichts, wenn dich allein mein so-sein nicht irgendwie berührt

*

«man liebt nur das, was man nicht besitzt, man liebt nur das, in welchem man das unerreichbare verfolgt.»

«wieso haben wir den mut, leben zu wollen, wie können wir eine bewegung machen, um uns vor dem tod zu bewahren, in einer welt, wo liebe durch eine lüge hervorgerufen wird und lediglich in der notwendigkeit besteht, unsere leiden zu besänftigen durch irgendein wesen, das uns leiden gemacht hat.»
«der mensch ist das wesen, das nicht aus sich heraus kann, das die anderen nur in sich selber kennt und lügt, wenn es das gegenteil behauptet.» (proust)

*

mit anekdoten kann ich nicht aufwarten, über ‹das leben› kann ich nichts aussagen. ich verkehre nur mit jenen, die an seinen rändern leben und unter ihm leiden. es braucht wohl frivolität und vulgarität, um immer und jedem alles sagen zu können: die wirklichen verächter des lebens, hier sind sie!

*

kierkegaard, der, wenn er in ein gespräch vertieft war, zwischen trottoir und hauseingängen herumgetaumelt sein soll... oder s. t. coleridges korkengleiches schwanken: trunkene schiffe...

*

in analogie zu l. soutter schreibt wagner 1852 an uhlig: «die kunst fängt genau da an, wo das leben aufhört, wo nichts mehr gegenwärtig ist, da rufen wir in der kunst ‹ich wünsche›.»

*

horst lummerts vermeintliche unmittelbarkeit ist ein rhetorischer effekt. er will, daß sich einer definiert, einen standpunkt bezieht, sich als typus zu erkennen gibt. ein derartiger reduktionismus besticht, wenn man ihn mit geistesschärfe u. a. abstraktionen aus dem bereich der metaphysik verwechselt. die monologische fragestellung, dem binären modell verhaftet, das alles ausschließt, was nicht entweder innerhalb des ja-nein-bereichs, innerhalb des nichts oder des einen liegt, ist die ideologische (wissenschaftliche, religiöse etc.) schlechthin.
ihr einziger zweck ist es, das eine, das eindeutige zu bewahren und somit ihren eigenen fortbestand zu sichern. reduktionismus als einziger garant des illusionismus (der werte).

*

nach einem jahr permanenter kriegführung – mit waffenstillstandszeiten – bleibt ein stoß briefe.

vor wochen brach ich eine art retrospektiven journals ab und vernichtete dann die seiten: ich hoffte, etwas nicht totzuschreiben, was ich noch immer am leben glaubte, ich wollte einen gewissen bruch nicht wahrhaben.
doch was zählt, ist die erste geste: instinktiv schrieb ich nichts, als ich von der lebendigkeit eines ‹wir› überzeugt war.

*

etwa sieben stunden mit n. verbracht, einem potentiellen mörder. große sexuelle nöte («ich verbringe den tag damit, daß ich sieben- bis neunmal onaniere»), fragt mich, ob ich etwas zum «drücken» habe. verkrampft, wie er tanzt, erinnert er mich an den eingedeutschten marokkaner...
im frühlokal flippert eine gruppe ununterbrochen, der verlierer gibt ostentativ eine runde für alle. die einzige rock & roll-nummer in der music-box: *i can't get no satisfaction.*
neben mir an der theke ein mädchen, mit freund und hund, das anscheinend hier stammgast ist. ab und zu küßt sie mich auf die wange. kommentar über meine sexuelle identität: «du sitzt zwischen den stühlen, baby.»
n. würde mich gern auf den strich schicken, bietet sich als mac an... als es hell wird draußen, gegen neun uhr früh, gehe ich. (das mäd-

chen hat, um die zeche zu bezahlen, ihren begleiter mit ihrem sparbuch zur post geschickt.) das bewußtsein für das prostitutionelle aller beziehungen, aber auch das für das prestige der verausgabung: hier war es, unter den rund hundert jahren knast, die da mit mir die nacht durchzechten.

*

im balkanrestaurant, meiner endstation, stärkung vor dem nachhauseweg, n. wiedergetroffen, der seit drei tagen ‹unterwegs› ist, kaum ein bett gesehen hat. sein treibstoff: valium plus alkohol. entschieden unprononcierte redeweise, ein wegwerfen der wörter.

*

artauds souveränen panarchismus, der nichts unangetastet läßt, nicht mit xenophobie, indolenz oder noch üblerem verwechseln, aufmerksam, hingebungsvoll, hilfsbereit freunden und bekannten gegenüber (charme ohne ängstliche diplomatie).

*

nietzsche, der vor rührung weinte, wenn ein besucher seine wüste betrat – wer wollte die erfahrung seiner einsamkeit wiederholen?

*

eine diesem phänomen entgegengesetzte erscheinung kann ich dann beobachten, wenn ich unter schlaflosigkeit leide, die halbe nacht wach liege und mich allenfalls etwas entspannen kann. in dieser situation werde ich von wortassoziationen, satzfragmenten, eigenartigen redewendungen nahezu bestürmt. aber kontinuierlich mein denken durchziehende wortbruchstücke, die – obwohl eins auf das andere folgt – keinen sinn ergeben und, isoliert betrachtet, keiner mir geläufigen sprache zu entstammen scheinen.

*

an einem sonntag (1975?) wahllos, ohne hinzusehen verschiedene nummern in frankreich und england und belgien gewählt. mehrmals das aufheulende tonband (kein anschluß...) in das minutenlange knacken irgendwelcher leitungen hinein. namen fallen kurz und werden mehrmals wiederholt, unverständliches gemurmel, dann ein kurzes knacken und ein regelmäßiges tuckern in der leitung. in einem fall vermittelte mir die akustik ein genaues bild des hauses, in dem sich der anschluß befand: in einem hallenähnlichen raum ein kind, das sein «allo!» in die muschel brüllt. ich habe keinem geantwortet.

*

schlafe seit einer woche erst gegen fünf oder sechs uhr früh ein: die psyche auf dezember 1977 programmiert (18h frühstück, ab mitternacht kneipentour). die sehnsüchtige simuliert nach kräften.

*

gegen vier uhr versucht, berlin zu erreichen. sentimentalität. andererseits möchte ich das beleidigte schweigen zwischen uns auflösen. ein jahr, erlebt wie zehn: intensiv, aber voller erstarrungen und enttäuschungen.

*

h. ruft an, da down. der neue »typ«, mäzen und lover, erweist sich als pig. mein eindruck war: ein sentimentales, haltloses, zerfließendes etwas ... für h. empfinde ich nun etwas wie mitleid: die fixierung auf anerkennung via leistung (selbstverwirklichung durch das ‹werk›), das ewige hereinfallen auf emotionalität, die verklemmte sexualität ... ihre maskierung ist so perfekt, daß sie eher zu einer gefahr für sie wird denn zu einem schutz. ein taumeln von bruch zu bruch, von selbstdestruktion zu selbstdestruktion, die pinsel als krücken benutzend. wenn sich jede verbindung nach einem analogen schema ereignet und schließlich zerbricht, so ist das nicht mehr nur ein ‹irrtum› infolge mangelnder menschenkenntnis. wenn jemand nicht einen einzigen menschen wirklich zu fesseln vermag, so gibt es immer einen unbewußten dritten im spiel, der ihn zurückhält und an sich kettet. wird sie frei sein, wenn diese person nicht mehr lebt? oder heißt das endlosband bovarysme, narzißmus etc.? (naive deutungsversuche, armselige rationalisierungen, die das gefühl entlasten sollen!)

*

deux coups de téléphone de x. qui se trouve chez ses parents et qui va partir pour m. (aller faire la connaissance des «gens intéressants»). d'autre part elle dit, qu'elle ait besoin de moi et voudrait bien immédiatement rétourner à ks – ce que je ne crois pas. elle m'écrira pendant une nuit sans repos (scrupules?). j'ignore si c'est vraiment moi qu'elle désire. –
après tout, je commence de mieux comprendre x. (je le crois au moins) – leurs incertitudes et peurs. croissance de l'amour par la séparation? j'ai rêvé aussi de son écriture large ... et d'alaska, c'est-à-dire d'un ridicule modèle d'une île en papier maché.

*

nadja l'a plu. sa lettre avec une écriture comme celle d'u., le dessin pour ce livre.

mais tant d'angoisses d'être enchaînée.
un jour elle va brusquement dire adieu et partir pour l'alaska de ses désirs... c'est peut-être dur, mais je le prévois.
que veus-tu, idiot! la tyrannie de mon cerveau...

*

when i was young my handwriting
was so much bigger
because why?
today i don't believe any longer in anything
something died
but i'm living on
what's important, tell me what delira

*

revu beatrice, l'ancien flirt. elle ne supporte pas de me regarder en face.

*

b. m. spricht nach 24 uhr nicht mehr deutsch, betont auch französisch, wenn er drunken ist, oder fordert andere dazu auf. erklärt sich nicht mehr für sich verantwortlich.

*

o., doch bis zum letzten augenblick an meinem noch-kommen – wiederkehren – zweifelnd, feiert unser wiedersehen mit kerzen, sekt und einem dinner. ich bin sehr gerührt, das heißt sprachlos.

*

einen anderen mit prädikaten versehen: völliger mangel an aufmerksamkeit, leichtfertige (leicht fertig werden) oberflächlichkeit

*

jemandem am tisch gegenübersitzen und eine distanz von 100 km spüren
sich dann nicht mehr in die augen sehen können
die körperliche berührung mit einem menschen, dem ich nicht vertraue, ist mir unerträglich
daher die schlaflose, albtraumerfüllte nacht neben x.
am morgen vor entsetzen wortlos gegangen
(«i want a boy who has a record in the charts» – nach einem recht unbeschwerten kneipenabend bricht x. in ihrer wohnung zusammen, am rande des heulens. wir schweigen uns an – ich hätte sofort gehen sollen, da ich spürte, daß sie eine art leistungsdruck deprimierte. mißverstehen schon auf dem heimweg, wo ich sie kurz ‹überholte›, um sie einmal von vorn zu

sehen – was sie für eine karikatur ihres schnellen gehens auffaßte. woher das mißtrauen?)

*

menschen, das sind die linien eines gesichts für sie, und fähigkeiten, die man bei bedarf abberufen kann

*

– du raubst mir meine illusionen. deine tränen gefrieren zu eis. du traust anderen keinerlei gefühl zu. ich wünschte, ich wäre dir nie begegnet. ich wünschte, ich könnte dich vergessen.

*

leaving greensleeves without touching her. ihre lieblosigkeit läßt mir das herz gefrieren. dieses «am anfang gibt man sich noch mühe» – «ich habe angst, dich zu verlieren» hätte mir eine warnung sein sollen.
legst du wert darauf, mit einer person bekannt zu sein, die fast ein jeder ‹kennt›, wenn bloß ihr name fällt? außer ihrer kunst ist alles destruktivität – gegen sich, gegen andere.

*

die essentielle einsamkeit, die skrupel dem ‹werk› gegenüber, den unglauben und daher das infrage-stellen von allem und jedem, die unzufriedenheit, die anfälligkeit für depressionen, das trinken, die lust an der beweglichkeit wie an der verantwortungslosigkeit, den hunger nach sonne ... teilen wir freilich – trotz allem – miteinander.

*

auf der nächtlichen, menschenleeren straße zwei farbfotos, die eine fellatio zeigen

*

eine nächtliche nachrichtensendung von radio monte carlo, die plötzlich abgebrochen wird, weil die sprecher – ein mann und eine frau – vor lachen nicht zu atem kommen. – eine fernsehansage, in die, kaum hörbar, geräusche hineinspielen, die zu einem pornofilm gehören dürften: am unbeweglichen gesicht der sprecherin war abzulesen, daß diese lustgeräusche für sie nicht hörbar waren. – jene frau im reformhaus, die mitten im gespräch mit der verkäuferin fragt, ob persil im sonderangebot sei: weder träume noch halluzinationen meinerseits, sondern alltags-surrealismus.

*

an k.
ich verstehe mich durchaus nicht als experte für abweichler (denn von abweichlern kann

man nur vom standpunkt des zentrums, der geradlinigkeit aus sprechen).
was auch immer ich tue: die erste begeisterung schlägt um in skepsis (‹selbstkritik›), in ein totales in-frage-stellen – ich mache weiter, aber fast gleichgültig, desinteressiert.
warum? das ist die eigentliche frage. was erwarte, was *bewege* ich denn?
mein beitrag zu matthes' ufo-reader ist eine art absage, denn ich habe ganz andere, akute und irdische probleme.
z. b. eine ferne schwester von laure, die mir albträume bereitet (vergleichbar einer reise von den kanarien nach ALASKA).
dann die ufo- oder minus-menschen des alltags ...

*

o. kommt nicht mehr; es ist ihr zur selbstverständlichkeit geworden, daß besucher die getränke etc. selbst mitbringen. diese gleichgültigkeit ist mir nicht gleichgültig, dieser zustand (eine krankheit) ist mir unerträglich.
nachdem sie mir eröffnet hat, mich nun doch nicht nach r. zu begleiten, spreche ich sie auf diese indolenz an. o. verkriecht sich unter der bettdecke, ich gehe – vier uhr morgens.
just another story about leaving.

*

ständig das gefühl, wie ein fremder behandelt zu werden («ich traue dir nicht, auch i. nicht. diese anforderungen, die ihr an mich stellt...»). zum a.-fest erscheint sie mit schwarz konturierten lippen, stirntuch, offenen haaren, lurex-pullover (sehr ‹italienisch›). nach eineinhalb stunden ist sie spurlos verschwunden. ich irre suchend umher, mache mir gedanken über mögliche gründe zu dieser ‹flucht›. ihre spätere erklärung klingt unglaubwürdig: «mir war schlecht, ich war betrunken» etc.
während dieser nacht eine art filmriß, bei dem ich mich an einen anderen ort versetzt glaubte: in ein riesiges lokal mit mehreren etagen; das publikum und die umgebung wirkten irreal. (nach abklingen der halluzination fragte ich einen bekannten, ob ich nicht doch mit ihm eine andere lokalität aufgesucht hätte: er verneinte. ich hatte den ort nicht verlassen, mich vielmehr mit einem transvestiten unterhalten. aber nach jahren ‹erkannte› ich den ort meiner halluzination ‹wieder›: eine disco, die es damals jedoch noch nicht gab.).

*

capricen: einen nachmittag mit x. auf der terrasse eines cafés verbracht. die ‹neue gale-

rie› besichtigt – keine berührungen zwischen uns. blicklose, unaufmerksame augen.
x., ohne geld, möchte weitertrinken. wir ziehen in unser stammlokal, das gerade öffnet. wir sind allein. wein, tanzen… x. wird sehr zärtlich, äußert dabei dinge, die mir unangenehm sind (als hätte ich nur als denker, impulsgeber bedeutung für sie. schließlich vorurteile, minderwertigkeitskomplexe apropos der zu treffenden menschen in r.: «ich möchte nicht so meine ‹karriere› aufbauen lassen…»). nachdem wir vielleicht drei stunden getrunken haben, schlägt sie mir vor, ihr idol aufzusuchen. ich gehe mit gemischten gefühlen darauf ein. dieses ist nicht zu hause. ich biete der taumelnden an, freunde in der stadt zu besuchen. unterwegs setzt sie sich zweimal demonstrativ auf das trottoir («ich bin müde…»). versuche, sie zu ermutigen, zu ‹überreden› anstatt zuzuschlagen. «im suff macht man eben auch dinge kaputt.» (x.) da wir niemand antreffen, nehme ich die nächste bahn – ihre abschiedszeremonie zurückweisend.
noch eine komödie: mein eilbrief nach dem ‹bruch›, dann abends ihr wirrer anruf aus der kneipe. als ich dort eintreffe, ist sie nicht mehr da (volltrunken nach hause gefahren worden). zwei tage später rencontre mit ihr und einer freundin und deren freund. gelöstes gespräch

zwischen mir und den beiden frauen, der dritte verharrt unbeteiligt. – während des geplanten lokalwechsels ergreift a. die partei ihres begleiters, von einem unfruchtbaren gespräch redend – damit seine frustration ‹übersetzend›. es beginnt zu regnen, die freundinnen teilen sich einen schirm, a. den tränen nahe. x. attackiert mich, redet auf a. ein – wir trennen uns paarweise («wir sind keine paare», so x. gegen den einwand ihrer freundin, ein schwulenlokal aufzusuchen). ich rede auf x. ein, mich in die nächstgelegene kneipe zu begleiten. sie hechelt wut und enttäuschung, will nach hause. als ich sie bitte, bei ihr übernachten zu dürfen, läuft sie wutentbrannt weg und wirft ihre hausschlüssel auf den bürgersteig. ich hebe das schlüsselbund auf, sie kommt heulend zurück, ich sage: «warum machst du alles so kompliziert?» sie packt das schlüsselbund, rennt weg.
die folgenden zwölf stunden verbringe ich mit kneipenstehen. bei der letzten station, früh am morgen, befinde ich mich genau in dem stadtviertel, in dem sie wohnt, wie ich tage später bemerkte. bei der letzten station erbreche ich meine verzweiflung in einem tränenstrom, mich selbst beweinend.

*

ich habe dich nicht gesucht, erst wußte ich nicht, ob ich dich wollte
dann wurde ich neugierig, glaubte an einen glücksfall, an ein geschenk
aber es wurde eine prüfung, ein (zu lösendes) problem daraus

*

«einige der schönsten frauen der welt sind manchmal männer»:
nach der transvestiten-show – das publikum übertraf die darsteller – sah ich mir jeden menschen genauer an, so verunsichert war ich hinsichtlich des geschlechts. jede frau müßte sich eigentlich fragen, worin ihre authentischen weiblichen attribute bestehen, wenn selbst der unbegabteste mann das bild ihrer rolle (die konvention) imitieren kann.

*

das schlechte gewissen, unproduktiv (rein konsumptiv) zu leben, «zuschütten»

*

die übertriebene adaptationsbereitschaft, das ressentiment, die schwatzhaftigkeit machen mir die person p. w. nicht sympathisch. rivalität und vorurteile? jeder bezichtigt den anderen der bürgerlichkeit, des arrivismus etc. (als erstes mußte er konrad bayer und rudolf schwarzkogler herabsetzen, gerade weil mich *ihr* schicksal interessierte. also reduzierte er die motive ihres suizids auf das wienerische caféhausklatschniveau: solche leichenfledderei mag im kulturbetrieb usus sein, und es bedarf keiner großen fantasie, um sich auszumalen, daß ein denunziant wie p. w. vor den lebenden nicht halt macht.* diesem schwätzer kommt das begierigsein des durchschnittseuropäers auf intime details aus dem leben anderer kulturfiguren entgegen: während er sie mit anekdoten füttert, betreibt er selbst-promotion.)

*

oswald wiener, *ein haufen teilverdautes,* aus: dieter roth, *frühe schriften und typische scheiße,* darmstadt–neuwied 1973:
«‹der sinn einer sache› wird durch die vorstellungen bezeichnet, die als meßinstrumente an die wahrnehmung herangebracht worden sind; ‹sinn› ist eine stelle in einer vorstellung (vorstellung: erwartung; modell; absicht;

* «im österreicher ist ein unzerstörbarer hang, den für klein zu halten, den man noch gekannt hat, wie er *so* klein war. was kann an einem dran sein, den ich persönlich kenne? denkt der österreicher.» (karl kraus)

theorie; bild; zusammenhang), die sich auf die wahrnehmung projizieren läßt.»
«demnach liegt die eindeutigkeit [des verständnisses einer sache] nicht in der sache – sie liegt allein an meiner armut.»
«...zeichen müssen interpretiert werden (es müssen vorstellungen an sie gehalten werden; in die nachricht muß ein muster gehalten werden, das zu einem muster in mir paßt), und nicht das zeichen (das ereignis), sondern der umfang der interpretierenden kapazität entscheidet...»
reduktionismus: etwas auf einen begriff bringen (eine vorstellung auf verschiedene wahrnehmungen projizieren);
die komplizierte vorstellung durch mehrere einfache ersetzen (die sache scheint zusammengesetzt);
die sache scheint sinnlos
«handeln (das ist eine primitive art zu denken) verlegt den weg zu alternativen einsichten.»
«gedächtnis als trick der armut: je mehr ich verstehe, desto weiter entferne ich mich aus der ‹realität› [der *real time*].»
«man meint schließlich, die situation bestimme die bedeutung der worte, aber die situation gehört den sprechenden nicht. sie haben nur ihre vorstellung von ihr. nicht nur die sätze, auch die situation muß erklärt werden.»

inhaltliche kommunikation (über das bewußtsein eines zweiten) nach wiener nur durch formale verfahren (arrangement der umwelt) steuerbar; diese verfahren seien durch adäquate verständnisse neutralisierbar
dandyistische strategie:
– bei themen der wörter achten
– bei wörtern der sprache achten
– bei wörtern (sprache) der erfahrung achten
«widerspruch dient nur mehr zum ‹markieren› von ‹positionen›, wo sich der naive durch das profil seiner bedürfnisse disqualifiziert.»
«... daß sogar die interpretierende kapazität des kindes sehr erheblich beschnitten wird, wenn ihm seine identität ... als höchster wert in langen und grausamen normierungsgängen eingebläut wird ... erfolg dieser standardisierung, dieses anschlusses *(plug in)* an die kommunikation ist es, daß die idiosynkratischen inhalte ... zu gunsten der interaktionsformen verschwinden; der fertige mensch erfährt nichts mehr, weil er seine wahrnehmungen reflexartig und ohne wahl mit den ausdrücken des kommunikativen kalküls kurzschließt.»
wiederholung erprobter verhaltensmuster: man kommt einander nicht ‹näher›, aber miteinander aus
sich mit weniger begnügen, als man begriffen

hat: berechenbar, einschätzbar sein (oder: spontaneität, schlichtheit etc. als subtile list) «... herzlichkeit zeugt von selbstsicherheit aus bestandenen kämpfen.»
«das schildert die beziehungslosigkeit, in der die menschen miteinander verkehren, indem sie ein durch sozusagen physikalische umstände erzwungenes aufeinandertreffen für verständnis, und situationsbedingte kongruenzen für wahrheit halten.» (o. wiener)

*

«energeile»
«frigidität ist nur ein sehr kleiner grad von (na) – béguin. ein absolut frigider mensch ist – tot.»
«die liebe eine schwanerei» (walter serner)

*

«normale weiber – gebärende gemeinplätze» (carl einstein)

*

unsere zwischen «promiskuität, permissivität, konsumismus und einsamkeit» schwankende gesellschaft: aber die gesellschaft ist weder *die* welt noch *das* leben!

*

die idee, mich an jeder empörenden menschlichen begegnung rächen zu können, indem ich sie eines tages beschreibe...

*

das falsch verstandene «poetische leben» wäre das ritualisierte, zelebrierte (à la peter handke).

*

der anblick des ersten und letzten fotos, auf dem wir beide uns interessiert, aufmerksam, ins gespräch verwickelt, ansehen: trauer über den abstand, der zwischen der scheinbaren aussage dieses fotos und der situation, in der ich es sah, lag.

*

ich wünschte, man sähe das durchgestrichene, das abgewürgte, das unterdrückte, das nicht-gesagte, ungeschriebene.
die unmittelbare sensible erfahrung ist eine große illusion, dazwischen schiebt sich das bewußtsein, die palette der werte. anekdoten sind zu grobmaschig, einem zweiten konturen zu verleihen. bleibt der traum, das heißt die hieroglyphe, die fiktion.

*

er litt unter den «emotionalen implikationen» erotischer beziehungen. wenn er «nur» begehrte, wurde er geliebt und fürchtete, von dieser liebe verschlungen zu werden.
wenn er dagegen liebte, wurde er «nur» begehrt.
(hier kommt v. ins zimmer, wie um den punkt hinter diese notiz zu setzen.)

*

telefongespräch mit e. s.: wir erzählen uns gegenseitig, wie es um unsere pläne, arbeiten steht, fragen einander aus, dazwischen verlegenheitspausen, und ein schlechtes gefühl nach dem auflegen («trink einen schluck auf mich!» rief er mir zum schluß zu). was interessiert uns eigentlich die aktivität, das vollbrachte?
und: lasse ich mich nicht zu sehr von dem kommunikationsstil meiner gesprächspartner mitreißen? welche mechaniken ereignen sich da? (durch die einsamkeit nicht genug gehärtet worden, nicht «abgebrüht», lakonisch, unnachgiebig genug.)

*

erlebtes, briefe, träume, auch das hier nicht mehr abgetippt.*

* für die erste sammlung meiner notizen, münchen 1980.

angst oder überdruß? furcht, niederlagen auszubreiten? schmutzige geschichten?
das «biographische» ausmerzen!!!

*

die kerzen, die unser wiedersehen im januar feiern sollten, waren in wirklichkeit beerdigungskerzen, ein ende. sie markierten das ende einer passion.

*

a. lebt wirklich «ohne haut»

*

wie ein dampfhammer a. m. s «ausgebaute kitschecken»

*

ich kann nicht ohne zu lachen hinsehen, wenn sich v. anstrengt, an oder mit mir zu masturbieren.
hat nichts zu tun mit einer schwierigkeit, die «mechanik» der lust zu akzeptieren: das lachen gilt vielmehr dem festen glauben an eine «mechanik». dieser aberglaube verlegt in die genitalien, was im kopf passiert.

*

«wir vergessen, was wir mitgeteilt haben... der schreibende verdummt, indem er andere klüger macht.» (th. mann, 1925)

*

«gibt es hier irgendwas für einen frauenbuchladen?» (auf der buchmesse, am m&s-stand)
– «ja, material, um den gegner zu studieren!»

*

l. baiers selbstporträt im «merkur»: der mann erfüllt in einem maße die gängigen klischees vom zeitgenössischen «engagierten intellektuellen», daß mir fast übel wird. charakteristisch, daß nirgends von der notwendigkeit des schreibens die rede ist oder, warum l. b. es überhaupt mit der literatur hält, statt etwa parteiortsvorstand zu werden, and so on. die befriedigungen körperlicher arbeit und den perfektionismus dem ‹körper ohne organe› entgegenzusetzen, das ist in der tat eine unerwartete erbärmlichkeit für mich... l. b.s selbstdarstellung enthüllt, daß hier abermals ein zeilenschinder persönliche bedürfnisse und vorlieben vor den karren der kritik spannt, deren qualität sich ohnehin nach der geduld oder dem gesichtskreis des «bastlers» richtet. mit solchem geschwätz soll die frage nach der triftigkeit kritischer argumentation von vornherein erledigt werden. gut, so beruhte alles auf zufall und gutem willen. wer-

den aber diese faktoren zur selbstlegitimation mißbraucht …
(aus einem brief an axel matthes, 1. 11. 79)

*

das elend: es gibt nur eine ideologische literaturkritik. maurice blanchot bildet vielleicht die einzige ausnahme.

*

urs lüthi wie klauke in persona eine kräftige enttäuschung – der conférencier lischka ein platter karrierist, à la p. w. …
die miese kumpanei im kunstbereich, nicht einmal mehr der versuch, den bluff und die gewöhnlichkeit zu kaschieren. kunstprofessor und künstler (lehramtsanwärter) liegen sich ungeniert in den armen
lüthi, dick, wie aus einer boutique entsprungen, läßt cognactrinkend dias vorführen. «auf bestellung lasse ich polaroidfotos ‹aufblasen›», lautet sein einziger kommentar zu seiner arbeitsweise. ein geschäftsmann plaudert aus dem nähkästchen vor kunst-studenten, die einmal wie er werden wollen: ambitioniert und gewöhnlich.

*

meine finger in deiner heißen spalte, die von den deinen sanft zurechtgewiesen werden

*

ich fürchte, wahnsinnig zu werden vor vernunft und einsicht

*

mein angstwerk oder
pflege deine wunde

*

«*alle* erkenntnis ist niederschlag einer enttäuschung!» (hoffnungs- und wahnlosigkeit.) (theodor lessing, 1919)

*

o. s. ausgesetzt-sein bis zum äußersten ... tristessa, bedroht, auf der flucht erschossen zu werden.

*

«wütendes schweigen»

*

einen moment mit a. allein, verfalle ich sofort in flüstersprache bei den banalsten dingen, bevor b. – unser gemeinsamer «freund» – zurückkommt, der nicht zu wissen scheint, daß er sich a. mit mir teilt.
mein deplacierter wie unnötiger versuch, eine (gesprächs)ebene à la verschwörer mit ihr herzustellen.

*

eine stimme, darauf trainiert, zu verführen oder ganz delikates zu *suggerieren*

*

in die verführerrolle hineinerzogen, bildet sich selbstbewußtsein gleichsam an der hautoberfläche, ein labiles scheingebilde, das nur dauernde bestätigung vor dem zusammenbruch rettet. dieser von den frauen mehr oder weniger bewußt wahrgenommene sachverhalt ist die quelle des ressentiments gegenüber anderen formen des selbstbewußtseins.
im zuge feministischer aufklärung erarbeiten sich frauen ein anderes selbstbewußtsein, ohne aber jemals auf ihr archaisches machtmittel: das geschlecht, zu verzichten.

*

«wenn wir materiell privilegiert wären, würden wir uns ganz anders auf der straße bewegen» (a. zu mir)

*

in ihrem tagebuch bezeichnet o. ihre neuerliche «kontaktaufnahme» mit mir als blöden verzweiflungsakt aus der unfähigkeit heraus, wirklich allein leben zu können.
zu selektiv, bin ich ihr noch immer ein angster-

zeugender mensch. wie dann ihren wunsch verstehen, mit mir zusammenzuleben?

*

«wissenschaft» des subjekts, «theorie» der gefühle etc.: paradoxologie

*

liebe sei, wenn man im verschiedenen ähnliches entdecke (das gefühl frischverliebter, sich schon «ewig zu kennen»).
adorno untermauert mit seiner maxime das egoistische motiv der «liebe»: der liebende, während er sich im geliebten wesen widerspiegelt, hält für eine «entdeckung», was seine eigene projektionsleistung ist. diese gegenseitige verzauberung geschieht aber nicht gänzlich unbewußt: eine restlose widerspiegelung zu verkraften, sind wir unfähig. genauer: ein duplikat unserer vermeintlichen einmaligkeit.

*

die boshaftigkeit, die wir anderen zutrauen, der sind gerade wir selbst potentiell mächtig.

*

«wenn ich wie du wäre, würde ich gar nicht mit dir reden»: arrogantes vor-urteil. da spricht jemand mit mir, der durch mein geschriebenes schon etwas zu wissen meint über mich und der nun, mangels neugier, seine vorurteile bestätigen will.

*

hierarchie der sinne in der erotik

*

wir reden, weil wir uns nicht verstehen. die lippen trennen sich, unsere getrenntheit verstärkend.
hinter diesem trennungsvorgang steht absurderweise der wille nach verständigung, heißt es, wo es sich in wirklichkeit um eine distanzvergrößerung handelt.

*

zusammentreffen zweier mit sich selbst identischer personen: die eine die vernunft verkörpernd, die andere das irrationale, verdrängte und unbewußte. in dieser konstellation nicht mehr «ich bin nicht du» sagen können; sich dem *ganzen menschen* stellen, ihn annehmen.

*

alle kreativen tätigkeiten sollten nichts als die *spur* eines lebensexperimentes sein – selbst wenn sie diesem experiment eine richtung geben –, nicht inhalt, sinn oder ziel dieses experiments selbst.

*

die travestie-*kunst* irritiert nur so lange, als sie die widersprüche (z. b. der sexuellen identität) in der schwebe läßt. der ‹vollkommene› transvestit bewirkt nichts, er überspielt sein anders-sein.
travestie ist eigentlich die kunst der dramatisierung der geschlechterrolle.

*

der einst übergangene rächt sich, indem er den «kulturbetrieb» zu verachten vorgibt, seine geschmeichelte eitelkeit hinter invektiven gegen alles und jeden zu verbergen suchend: merkmal von interviews mit réussierten «dichtern».

*

das «ein-für-alle-mal» (einmaligkeit) führt, mangels intensität, in die bedeutungslosigkeit der sinn-falle (prinzip der identität und des nicht-widerspruchs ≙ tod, gewaltsam oder in form von annihilation, verlöschen aus sterilität).
anders gesagt: nicht in der wiederholung liegt der schrecken.

*

«die freude zarter menschen ist *verschämt;* sie zeigen lieber ihre wunden als ihre entzükkungen, weil sie beide nicht zu verdienen glauben, oder sie zeigen beide hinter dem schleier einer thräne.» (jean paul)

*

die sinnhinterfragung qua tautologien – mit banalem die banalität denunzieren wollen – ist seit langem zum scheitern verurteilt. das spiegelbild schockiert nur noch jemanden, dem die symbolische funktion des spiegels unbekannt ist. (vide ‹concept-art› usw.)

*

meine wahren wünsche entziehen sich meinem bewußtsein.
diejenigen, die ich artikulieren kann, entstammen der interpretation von gewesenen situationen, erlebten zuständen etc. so diktierte die erfahrung die art meiner derzeitigen bewußten wünsche (es ist sehr unwahrscheinlich, daß ich einen wunsch, der einmal an der wirklichkeit, also an seiner verwirklichung gescheitert ist, unverändert wiederwünsche, wiederhole.).
der wahre, unbewußte «wunsch»: sinn- und ziellose energie – sei es, um zu leben, sei es, um nicht zu leben.

*

die sehnsucht lebt von der nicht-erfüllbarkeit. es ist ein wünschen, vor dem der wille freiwillig resigniert. ausgenommen der wille zum wunsch: unendliches wünschen.

*

paris oder die metropole der dekadenz (für jede perversion gibt es einen ort) – vive la décadence!
– ort der zeichen (schwierig, einen nicht-beschrifteten gegenstand aus dem alltagsleben zu finden), der schilder mit geboten, verboten und hinweisen. denken und stadtplan erübrigen sich somit. (im übrigen mache ich nur hausbesuche und pendle zwischen bibliothèque nationale und wohnung hin und her. von den métroschächten in die bedrückend dunkle hinterhausgruft. abends telefonate, wein oder cognac, und, aus den beständen meines gastgebers, ältere rockmusik und ‹klassiker der weltliteratur›.)

*

KING PING MEH
schwanz: ding – spieß mit doppelquaste
eier: schildkröte
eichel: pferdeauge
fotze: pforte

ficken: wolken- und regenspiel – schachspiel (!)
fellatio: flötenspiel

*

kommt zeit, kommt unrat!

*

wie mit einem karateschlag einen ziegelstein zertrümmern: ein philosophieren, in dem der philosophierende selbst sich zersetzt, zerspringt

*

kurioses tête-à-tête mit pierre klossowski. – er hat mich vom fenster aus erspäht, empfängt mich, in einem braunen cordanzug, an der tür seines ateliers: ein spärlich möblierter, niedriger und ziemlich dunkler raum, an die wände geheftet seine großformatigen zeichnungen. während des gesprächs kreist klossowski, pausenlos rauchend, wie ein gefangenes tier im raum umher. der schwerhörige hat mühe mit meiner notorisch leisen stimme: anstatt die fenster zu schließen, die auf die straße gehen, um die akustik zu verbessern, lehnt er sich im gegenteil von zeit zu zeit aus dem fenster... die informationen über georges bataille fließen spärlich («wir hatten keine ‹intimen› gespräche miteinander...»).

dafür erfahre ich, daß er sich ausschließlich dem zeichnen widme, um jedweden diskussionen auszuweichen: verglichen mit seiner literatur, sei seine kunst ein «mehrwert».
bedauernd konstatiert er, daß seine derzeitigen freunde ausschließlich akademiker seien.
«wird man mein nietzsche-buch in deutschland gut aufnehmen?»
bataille habe verkannt, fügt er an, daß nietzsche antidialektiker gewesen sei...

*

erotik, liebe, kommunikation sind an die stelle des glaubens an gott und an ein jenseits getreten – ephemere momente des lebens zu dessen inhalt und sinn erklärend. so als wollte man eine schmerzliche abwesenheit durch evokation von werten, begriffen beseitigen (oder verleugnen), so wie man das schweigende universum durch einen beredten gott kompensierte: die ideale leben nur durch und in der artikulation, beschwörung.
allein das abwesende, mangelnde erregt, fasziniert, quält mich, den sehnsüchtigen. den «gegenstand» meiner sehnsucht «in händen», erkenne ich ihn als solchen nicht wieder. nicht den «gegenstand» wollte ich, sondern sein bild oder nur das bittersüße behagen der sehnsucht selbst.

im übrigen bin ich ein – domestiziertes – tier.

*

das artifizielle der trennungen traum/realität, fiktion/wirklichkeit

*

die gesichter eines menschen in ekstase: nicht eines, das nicht die *anstrengung* verriete, die fesseln der identität für einen augenblick zu sprengen, sich aufzulösen.

*

«koitus-kultur» (otto weininger) – «geilheit und neurose» (nietzsche)

*

«ein jeder tötet, was er liebt.» (o. wilde) ergo wird der liebende von dem angezogen, fasziniert, was ihn tötet (siehe proust).

*

der sinn als etwas gemachtes (macht → *wille* zur macht)

*

«schreiben heißt die stille benennen, heißt schreiben, indem man sich am schreiben hindert.» (blanchot, *kafka et la littérature*)

*

welcher mensch hat *dich* weitergebracht? (als wartete auch ich nur darauf, ergriffen, begeistert zu werden! doch die armseligkeit meiner jüngsten menschenkontakte läßt mich leicht (ver)zweifeln, resignieren. so, als seien die negativen begegnungen das einzige, definitive heilmittel, entwöhnungsmittel: so viel enttäuschung für ein minimum an erkenntnis! freude! lust!
bleiben, um gerecht zu sein, die einsamen, autoerotischen, fetischistischen, voyeuristischen etc. genüsse, also die selbstgemachten, bloß angeregten fantasien; die können ein leben ausmachen – neben den armseligen, mittelmäßigen, verkrüppelten vereinbarungen, die den menschenkontakt seit jeher bestimmen. bei der nüchternheit, «aufgeklärtheit» – lies: abgeklärtheit – zeitgenössischer intellektueller bleibt alle leidenschaft auf der strecke: ‹alles› *verstehend, vermögen* sie nichts mehr, und sich das konkrete eingreifen dauernd versagend, schlägt solches verständnis letztlich in gleichgültigkeit um – die man fälschlich für allumfassendes verständnis oder gar ‹liebe› halten könnte.
dieser erbärmliche, scheinbar unvermeidbare weg: aufmerksamkeit, charme, anstrengung

→ ‹vertrautheit› → rigorose kritik → gleichgültigkeit: SCHEISSE!)

*

du fragst mich, warum ich dir nicht meine schwächen anvertraue. nun, meine schwächen tragen alle namen, auch der deine ist darunter.

*

«...wir haben nur dann beziehungen mit anderen, wenn wir nicht mit anderen vereint sind, wir kommunizieren nur dann völlig mit jemandem, wenn wir nicht das besitzen, was er ist, sondern das, was uns von ihm trennt; eher seine abwesenheit als seine gegenwart, und noch mehr: die unendliche bewegung, um diese abwesenheit zu überschreiten und wiederentstehen zu lassen.» (blanchot, *adolphe ou le malheur des sentiments*)

*

was ich als zugeständnisse begreife, könnte die grundsätzliche unfähigkeit sein, mit jemandem trocken und unwiderruflich zu *brechen.*
die möglichen gründe? oberflächlich. ich will den anderen nicht tief, womöglich nachhaltig verletzen; ich fürchte, mich selbst zu kompromittieren durch diesen verspätet eingesehe-

nen irrtum («ich habe mich getäuscht» = erkenntnis aus einer ersten täuschung, die ohne sie nicht möglich gewesen wäre).
alles moralischer leim, jede erklärung eine geistige ohnmacht, fabrizierte rechtfertigung!

*

welche «extremen handlungen» werden nicht aus purer langeweile begangen – statt aus protest, verzweiflung, wut, überzeugung usw., wie manche denker es gern hätten, und so *interpretieren*.
das niedrige, banale nicht mehr adeln durch eine einleuchtende, leuchtende, das heißt: aufgesetzte exegese.

*

«...die kommunikation ist bloß, wenn sie der macht entflieht und sich in ihr die unmöglichkeit, unsere äußerste dimension, ankündigt.» (blanchot, *la parole plurielle*)

*

die zeitgeistige nihilistische unbeständigkeit in den menschenkontakten.
statt aus dem bestehenden miteinander etwas intensives zu machen, wird aus angst oder überdruß etwas neues gesucht, und das ad infinitum. aber wer sind die vertreter dieses zeitgeistes? außer den anderen?

*

«...man glaubt noch zuviel, wenn man an nichts glaubt.»

«ohne das gefängnis würden wir wissen, daß wir alle schon im gefängnis sind.» (blanchot, *l'écriture du désastre*)

*

– das wort authentisch das einzig inauthentische

*

– wie kann es ich-verlust geben, wenn wir uns nicht gehören?

*

das uberleben-wollen als eine art des verfaulens von innen

*

blake, sprichwörter der hölle:
«die landstraße des übermaßes führt zum palast der weisheit.» (der exzeß, die verausgabung, das opfer und nicht der konsum, nicht das haushalten)
«wer begehrt, aber nicht handelt, brütet pest.»
«eher ein kind in seiner wiege ermorden, als wünsche ohne zu handeln nähren.»

*

schreiben heißt für mich den hang zur passiven, schweigenden negation überwinden.

*

stichworte für einen essay über die augen:
«objektiv und subjekt»
les œils – le soleil (homophonie)
die augenmetapher bei bellmer und bataille:
auge(n) = geschlecht, ei, hoden
das auge als einziges willkürlich verschließbares wahrnehmungsorgan (im gegensatz zu nase, ohren, haut, zunge...)
daß intellektuelle, die nicht visuell arbeiten, «augenlos» produzieren (es sei denn, um z. b. den mechanischen vorgang des schreibens zu kontrollieren)
daß der blick abschweift, die oberfläche streift (das gehirn dagegen speichert, synthetisiert, «vertieft»)
die bedeutung des augenschließens bei angst und ekstase
die faszination des auges (des «blicklosen», geschminkten) – der faszinierte blick
das bedrohliche des blicks (fixieren, anstarren, mit den augen durchbohren, ergründen)
die überdeterminierung der augen in der kommunikation (auge als spiel des innenlebens: objektiv)

der voyeurismus der (sehn)süchtigen – der faszinierte blick, faszination und selbstfaszination in der erotik
die bildproduktion im traum (vom wort, begriff zur plastischen vorstellung)

*

«die geliebte ist eins mit dem liebenden, nicht am ende des erotischen geschehens, sondern an seinem anfang.» (antonio machado)

*

das streben, der banalität zu entgehen, endet in...

*

voller erwartungen und mit ‹leeren händen› – narzißtisches problem

*

sich allen und allem hingeben wollen (und damit niemandem und nichts): sich verlieren wollen (todeswunsch), verwirklichte selbstenteignung und besitzlosigkeit... im hintergrund selbsthaß und angst vor der partikularität der einzelexistenz (furcht vor dem irreduziblen getrennt- und anders-sein, also eine art vermengungsbegehren als verdeckung des strebens nach auflösung)

*

«ich hasse den raum die Zeilen trennt, der:
ich hasse den raum, der
die zeilen trennt

*

die orgie als euphemismus für sexuelle promiskuität
dagegen halten: «mit dem denken berühren und mit dem körper denken» (o. paz)

*

wer begehrt dich, ohne gleichzeitig bestimmte erwartungen an dich zu stellen?
immer wieder die ewige, aussichtslose wie unbeantwortbare frage, die nur noch kindern zugestanden wird.
mein wachsender pessimismus menschen gegenüber? eine folge immer enttäuschender werdender begegnungen, kontakte.
auf der buchmesse: gespräche mit gehetzten, nervösen gespenstern, die als personen kaum noch wahrnehmbar sind.
auf die zehn verschenkten exemplare meiner *notizen* reagierten zwei, drei ... nicht sehr nahe freunde. –
dann b., ihre – berechtigten – selbstzweifel und die zweifel an allem und jedem; aber dieses wechselbad aus enthusiasmus und kälte, dem sie mich aussetzt, schmerzt mich.

dieses résumé müßte mich zum selbstmord treiben.

*

doch die tiefen herzschmerzen halten nur einen tag lang an...

*

die wie eingefrorene zeit konsumptiv vernichten... und getränke gegen die nächste angst und langeweile
äußere ereignislosigkeit (welt-entzug): gesteigertes inneres theater
verfeinerung und abstieg
nur die harmonie macht stumpf

*

die gern behauptete unvermitteltheit von musik ist ein mythos, der allein von ihrer wirkung genährt wird.

*

trauer um das verausgabte begehren, das sich an dem widerstand von x. bricht und zerbricht.
also depression meiner trottelei wegen, nicht wegen des möglichen verlustes eines geliebten wesens und dessen flüchtigen liebesbekundungen.

*

deutsch: *stehen*	französisch: *fallen* (tomber)
unter schock unter drogen unter einem einfluß	sich verlieben depressiv werden krank werden gläubig werden
paralyse	*hingabe*

*

barthes: in der liebesbeziehung zur (eigenen) kenntnis der unkenntnis (des anderen) gelangen.

*

wenn ich mich und den anderen als pure kräfte betrachten würde, definierte sich der andere nur durch das leiden und die lust, die er mir verschafft. jemanden nach seinen wirkungen in mir beurteilen heißt ihn funktionalisieren, heißt, ihn nicht nach dem zu bemessen, was er ist. ein menschenverächtlicher, egozentrischer standpunkt, dem seine generalisierung bevorsteht.

*

er sah in allen frauen nur den inhalt für dessous.
dieser ‹inhalt› ist selber ‹bloß› form: der körper (gewöhnlich stumm).

*

front der zeitgenössischen moral gegen alles gefühlsmäßige, alles habituelle (die, nicht mehr nur studentische, jeans-kultur → stillstand bei der puritanischen konsumverweigerung und der bekämpfung des scheins von '68)

*

mit den selbst gesetzten werten geraten die gefühle in einen zwang.
die ‹kritische vernunft› wendet sich reflexartig gegen die *werte,* wie um die terrorisierten gefühle zu entlasten – oder sollten es umgekehrt die ständig revoltierenden gefühle sein, die die subjektiven werte setzen?
(bloß nicht der nihilistischen ideologie verfallen: «wenn dich deine gefühle, deine wertehierarchie belasten, dann schaffe sie ab!» dennoch ist all das eine frage der *perspektive,* also der *wahl,* günstigstenfalls. sag doch, wie du die welt sehen, dir einrichten möchtest!)

*

schlechtes gewissen
der getränkeverkäufer im zug, der ein abteil voller kartons mit dosen ausräumte, mir dabei unwirsch den weg versperrte und dem ich meine entrüstung mit blicken zu verstehen

gab, versuchte darauf, mich zu beschwichtigen: erst mit worten und, als ich nichts sagte, mit einer dose bier – denn er hielt mich, im zug nach paris sitzend, für einen franzosen.
(der deutsche zeigt sich brutal und gewöhnlich: auf der hinreise eine klasse von gymnasiasten in schlachtenbummlerstimmung, auf der rückreise eine sich plätze erkämpfende spießerfamilie: «uns gehört die welt ...»)
andere episode: ein clochard, die flasche in der hand, taumelt auf den boulevard saint-michel, um mitten zwischen den zahllosen autos loszuschimpfen. in deutschland wäre er in kurzer zeit ‹in gewahrsam genommen› oder überfahren worden.
von daher ist nicht auf einen ‹nationalcharakter› zu schließen, und was wie toleranz wirkt, kann schlichte gleichgültigkeit sein (in den metropolen übersieht ‹man› die extreme).

*

als sei die sprache nur dazu da, den mangel zu benennen (tendenziös)

*

unvergleichlich und einmalig der charme, das interesse, die verschwiegenheit, die spontaneität, die zärtlichkeit, die verführerischkeit, wenn wir einem menschen, den wir begehren, zum ersten mal begegnen.

daß die aura des *geheimnisses* mit der zeit zunehmend verschwindet – man ‹kommt sich näher› –, ist unserer unfähigkeit zuzuschreiben: die ausnahme auszuhalten, das übermaß, das exzentrische, nicht-reduzierte zu leben. nur unsere eigene geringschätzung macht auch den anderen gering: eine ausnahme gefährdete die fragile selbstökonomie.

*

beunruhigt beobachtete er sein frauwerden. was hätte er von den gebürtigen frauen lernen können?

*

die latente furcht, sich in zweifel oder mißtrauen ausdrückend, den geliebten anderen zu verlieren, sagt aus, daß noch alles möglich ist – ausgenommen das gefühl der selbstverständlichkeit, sicherheit, gewißheit.

*

«ich mag an dir deine nicht so großen hände»
«ich deinen barocken hintern»
«ich das weiße deiner augen, deine kontinuität und gelassenheit, dein geschlecht»
«ich deine stimme»
«ich deine hände ...»

*

sartre und mutter	}	die demütigung,
nietzsche und mutter		die ohnmacht

*

9. 11. 80
eine woche schlaflosigkeit
rien ne va pas

*

x. kämpft bei jedem mann gegen ihren vater (und die familiären zwänge) an, dessen liebe sie jedoch gleichzeitig, sozusagen nachträglich gewinnen möchte.
gelingt das nicht – und wie könnte es bei dieser konstellation? –, projiziert sie ihr verlangen auf frauen, etc.
da mutter wie vater sie enttäuschen, bleibt die euphorie des aufgehens in der menge, der orgie.

*

abgesondertheit als position der ohnmacht
als elitär, exklusiv oder größenwahnsinnig galt das schon seit jeher

*

– he! neben dir bringt sich jemand um!
– mich beschäftigt nur die frage, was sollen wir mit diesem individuum machen?

– dein WIR ist eine meute von verbrechern

*

ab sofort nichts mehr *über* jemand. tut, was ihr wollt! aber … nicht mit mir, etc.

*

nach soundsoviel büchern versuchte er, manchmal ‹nur› zu leben. es gelang ihm nicht. das private, kleine glück war ihm ebenso verdächtig geworden wie eine kontemplative bücher- und gedankenexistenz.
für den exzeß gab es nur die innenwelt.

*

x. verdächtigte er, eben dieses kleine glück anzustreben, die unmittelbare befriedigung in den zugestandenen toleranzräumen der gesellschaft, aber im wesentlichen außerhalb ihrer und unterstützt von ein paar ausgesuchten, ähnlichdenkenden vertrauten. wenn die utopien schon so erbärmlich – möglich – sind, wie wird dann erst ihre allgemeine verwirklichung aussehen?
kein ausbruch ohne tribut, ohne konzessionen: der ‹ausbruch› der mittelmäßigkeit.

*

publizieren ist wie defäkieren: der kindliche stolz auf das eigene ‹produkt› und das gekränkt-sein, wenn es abgelehnt wird.

*

champ de mars, feier des 14. juli: ich verlange an einem stand «une bière». der bursche versteht mich nicht, fragt, ob ich französischer nationalität sei. ich verneine. beim bezahlen sagt er: «merci, *madame*»! wenn ich bloß wüßte, ob das ironie war oder nur flüchtigkeit. –

*

was kommt nach einem skeptizismus, der alles annehmbare weggefegt hat? stumpfsinn, frivolität oder wahnsinn (‹höherer sinn›)? egal, das beschämende ist, daß wir unsere ‹negativität› überleben. mit maximen wie «laß dich leben, du brauchst keine motivation» (o. wiener).

*

die gleichgültigkeit triumphiert immer: die zeit und unsere bequemlichkeit arbeiten für sie.

*

«untreue müßte die liebe auslöschen, und man sollte nicht eifersüchtig sein, wenn man grund dazu hat. nur menschen, die keinen anlaß zur eifersucht geben, sind wert, daß man auf sie eifersüchtig ist.» (la rochefoucauld)

*

oftmals lese ich im traum mit atemberaubender geschwindigkeit etwas. die sätze hallen in mir wider, aber *mit dem bewußtsein*, daß meine augen geschlossen sind, ich also nichts lesen kann, da ich ja schlafe und träume.

*

«durch auflösung der berührung wird gefühl aufgelöst, durch auflösung des gefühls wird durst aufgelöst, durch auflösung des durstes wird anhangen aufgelöst...» kurz: aus den augen, aus den sinnen. das sterile, wunschlose buddhistische nirvana-ideal: ist diese ‹freiheit› nicht mit dem realen tod identisch?

*

traumatmosphäre: dieses kaum merkliche vibrieren der filmbilder, wenn sie mit einer handkamera aufgenommen worden sind.

*

seit ich keine lust mehr habe, den trübsinnigen roman unserer großväter, den wir leben, zu beschreiben, habe ich meine mitteilungen auf postkartenformat reduziert.

*

die besinnlichkeit einer mehrheit zum jahresende: ihre gesichter spiegeln den stumpfsinn eines ganzen jahres wider.

*

jemand redet von «problemstück», um seinen willen zur auseinandersetzung zu bekunden; dieser erschöpft sich aber in einer vulgärsoziologischen definition der repräsentation. rat- und hilflosigkeit, unverständnis, das mit einer kategorisierung einen konsens sucht. («ein problemstück, zugegeben. doch das versteht keiner außer dem, der es in szene gesetzt hat.»)

*

«le suicide est un mot mal fait; ce qui tue n'est pas identique à ce qui est tué.» (théodore jouffroy)

*

«geschichte, philosophie, religion, kunst, literatur etc. als sinngebung des sinnlosen» jeder satz, der auf dieses urteil folgt, bestätigt es, es sei denn, ich schriebe ohne intention, aus

langeweile oder schlaflosigkeit. schreiben, so wie andere – bewußtlos – zeugen, arbeiten, essen...? vermehrtes bewußtsein ist die letzte eigenschaft, die vor gewalt schützte, der gewalt resistierte. (schwache argumente werden immer mit ihrer kraft durchgesetzt, nicht diskutiert).
differenziertes urteilen gibt sich durch stottern, blödsinnigen gesichtsausdruck (vom lächeln bis zum starrkrampf) zu erkennen – manchmal.
die lebensbejahende banalität verrät die eifersucht des intellektuellen auf das ihm vorgelebte banale leben; in augenblicken der schwäche oder irregeleiteter selbstkritik verrät er für eine sottise seine wissenschaft des besonderen. ihre kaum sichtbaren wirkungen machen den intellektuellen zum sich ewig schuldig fühlenden perversen: er unterwirft seine elementarsten bedürfnisse einer abstrakten ‹sache›, er muß komplize dieser kultur sein, wenn er auf symbolischer ebene etwas bewirken will... aber genug der metaphysik! (gäbe es diesen satz ohne die vorausgenommene eitle genugtuung, daß ihn jemand irgendwann lesen wird, interpretieren?)
zuletzt sind *alle* standpunkte verstehbar und akzeptabel, unter der bedingung, daß einem der eigene nicht zur doktrin, lebenskrücke etc.

geworden ist. bestenfalls existieren so viele perspektiven wie individuen. die einschränkungen, die eine entwickeltere zivilisation geltend macht, unsere labile physisch-psychische konstitution verführt jeden einzelnen dazu, glaubender und missionar zu sein: die eigennützigkeit dieser motive liegt auf der hand. man arrangiert sich der eigenen unabhängigkeit zuliebe und perpetuiert damit die abhängigkeit. da strebt ein kopf nach emanzipation – die eingegangenen konzessionen machen selbst seinen willen dazu unglaubwürdig. für diese strengen moralischen ansprüche erweist sich der mensch als zu klein: kokett begnügt er sich mit beliebiger approbation. er weiß sich klein und nichts weniger als vollkommen und sucht bestätigung für seine minderwertigkeit. diese inferiorität sucht er zu kompensieren mit hilfe des schrotts, mit dem der konsumgütermarkt ihn bedrängt, die verbesserung seiner kondition versprechend.

– wer so denkt, richtet auf unmenschliche weise. er müßte schon von jenseits des menschlichen reden, aber er hat auch nur ein hirn wie wir alle. und jede gesinnung, selbst die ungelegenste, schändet. verteidigt er sie, hat auch er bloß die sprache zur verfügung, unser gemeinsames göttliches erbe. was den irrtum unvermeidbar macht.

– der plural ist zu vermeiden. wer im namen des ‹wir› spricht, tut es im namen des gesetzes. besser ist: tabula rasa machen durch multiplizierung der perspektiven.
einzig das unpersönliche individuum wird unzählige augen haben, zahllose perspektiven entwickeln können. es handelt, selektiert, doch die urteile, mit welchen dann sein tun belegt werden kann, sind alle gleich viel wert, das heißt *nichtig* vor der multiplen identität. (die gesetze des widerspruchs, des ausgeschlossenen dritten etc. gelten hier nicht mehr.)

*

die unmögliche wissenschaft vom subjekt: unmöglich, weil es sie allenfalls als science-fiction geben kann, weil die domäne des subjekts die fiktion ist.

*

es ist unmöglich, daß ich dich noch kennen kann. (nicht zuletzt deine erotischen konfidenzen apropos w. a. und eines galeristen haben dir den kredit bei mir vermasselt: ich bin nicht neutrum genug, um das nicht als zumutung zu empfinden.) ich kann keine menschen in meiner nähe ertragen, deren leben sich in frivolität und stumpfsinn erschöpft, die oben-

drein ihre banalität stolz exponieren: was hätte ich ihnen, den tauben geschwätzigen, noch zu sagen? deren ganzes meinen und urteilen nichts als das profil ‹ihrer› wünsche ergibt? und wenn dann diese wünsche sich nur sprachlich von jenen unterscheiden, die man täglich in der regenbogenpresse nachlesen kann, dann ist mir das zu wenig als basis einer freundschaft.
wenn ich noch dazu die servilität sehe, mit der du dem ruf eines w. k. folgst – für ein mittagessen und den fraglichen ruhm –, dann wird mir schlecht. solche künstlerdarsteller, die um ihres kleinen glücks wegen sich nur allzu begierig arrangieren (vor mir aber über den ‹betrieb› lamentieren) und um der eitelkeit willen jede konzession machen, kann ich nicht ernst nehmen, nicht achten.
von frauenkarikaturen wie dir möchte ich auch nichts mehr wissen. (briefentwurf)

*

artauds letzte schriften könnte man für die eines yogi halten: die beherrschung des atems, die zurückhaltung des spermas, das unpersönlich-werden, die transformierung des körpers (symbolischer tod → erneuerung der organe → befreiung vom ephemeren blut und fleisch → unsterblichkeit. zu den wunderkräften des

buddha gehörte die fähigkeit, seinen körper zu zerstückeln und wieder zusammenzufügen: vgl. das prosagedicht *le théâtre de la cruauté*) – das sind magische kräfte, die man schamanen, yogis, fakiren zuschreibt. bis hin zur beerdigung in sitzender haltung – bei gurus üblich – ließe sich der einfluß dieses denkens bei artaud verfolgen.
man könnte ihm unterstellen, daß seine mystisch-spirituelle entwicklung das datum 1935 nicht überschritten hat: zeit seiner intensiven beschäftigung mit fernöstlicher mystik, zeit der persönlichen niederlagen, zeit des aufbruchs (nach mexiko). seinen späteren haß werden sich die sexuelle promiskuität des tantrismus, das schmarotzertum der lamas, kurz: die bigotterie und das leere ritual zugezogen haben.

*

leiden, nicht-selbst und letal sind: der körper, das gefühl, die wahrnehmung, die unterscheidung, das bewußtsein. eine klassierung, die nicht von artaud, sondern von buddha stammt!

*

das buch des philosophen (buch der bücher):

den deckel aufgeklappt, fällt der blick in den leeren hohlraum des objekts (um das nichts herum einen rahmen bauen). solche buchattrappen, die man in möbelgeschäften findet, als summa eines skeptischen philosophierens – statt beredter unwissenheit.

*

herbert achternbusch oder die provokation eines linken von rechts (intellektuellenhaß: so dumm, weil ungenau, wie frauenhaß oder radikalfeminismus). seine einleitung zur *stunde des todes* liest sich wie die anzeige eines werbetexters: er will alle volksschichten ansprechen, biedert sein werklein einer dedifferenzierten masse an.

*

– mich tröstet nichts!
– aber eben das sagen zu können, offenbar doch! warum leben (reden, schreiben, fluchen) sie sonst weiter?
– typische rhetorik der sensationsbegierigen resignierten! ihr wollt vom künstler exemplarische gesten, womöglich suizid oder terror, um eure apathie zu kompensieren. ihr wollt reale opfer, um eurer mittelmäßigkeit immer wieder argumente zu liefern («...mit x., das mußte ja so enden...»).

*

«wir sind, was wir fürchten und was die ehrfurcht gibt.» (theodor lessing)

*

«alles ist übertreibung, alles ein vorurteil»: thomas bernhard nach nietzsche. bernhards fernseh-monolog: kokett und spöttisch (die welt ein theater), und dann der wunsch, papst zu sein, sowie das eingeständnis, an die unsterblichkeit zu glauben.
der obligatorische verkrampfte humor bei der behandlung sexueller erfahrungen ...

*

«...je mehr man urteilt, je weniger liebt man.» (chamfort)

*

laure und simone weil: zwei moralistinnen des 20. jahrhunderts (mystik, revolution, karitas, masochismus, selbstzerstörung)

*

gestern der furchtbare anruf. nur ein «mir ist so schlecht», dann ‹tiergebrüll›, als würde sich jemand erbrechen, akustisch ekeln wollen. das alles zweimal hintereinander – beim zweiten mal ein scharfes, hysterisches «weg, weg!», wohl an die alte gerichtet –, dazwischen die intervention einer alten frau («polizei!»). eine gequälte weibliche stimme, aber alles wie von jenseits des grabes. den ganzen tag über bis heute abend regelrecht krank, geängstigt. ich bin mir im unklaren darüber, ob das ein hilferuf oder eine aggression war – und von wem?

*

nicht anerkannte negativität
zynischerweise verleihen die refusionen einem menschenleben ‹profil› (als singuläre existenz)
wie hart werden, ohne zu verhärten?

*

das gros ‹meiner› generation kennt keine trauer mehr
jeder verzweiflungsanflug wird konsumptiv vernichtet
und ich, ich schwanke zwischen herzrasen, müdigkeit und schlaflosigkeit bei alledem, meinen träumen ausgeliefert
die einsamkeit bleckt die zähne, die angst wird mir zur ungerufenen geliebten

*

«aus zwei gründen, behauptet réja, sei strindberg prädestiniert gewesen, mit frauen unglücklich zu werden. zum einen: er hütete eifersüchtig sein *ich,* um sein inneres leben zu verbergen, in das kein menschliches wesen eindringen durfte. zum anderen: seine *schüchternheit,* die im zusammenhang mit seiner verschlossenheit zu sehen ist, erlegte ihm auf, *nicht zu wählen,* sondern sich wählen zu lassen. die scheuheit kombiniert mit einem ausgeprägten sexuellen trieb verurteilte ihn, frauen zu verfallen, die kühn genug waren, sich aufzudrängen.» (lagercrantz, *strindberg,* 1980)

*

philosophie: abstraktion, reduktion, exklusive werte → heroische negation, banales leben und unmenschlicher tod (des philosophierenden)

*

«er lebte in dem irrtum ...» heißt: er lebte besessen ..., nicht verblendeter als seine umwelt, zeitgenossen.

*

aufzeichnung innerer und äußerer kämpfe als gedächtnisstütze für das wechselhafte, dem gegenwärtigen hingegebene empfinden, das geschrieben zu vergangenheit gerinnt. solche notizen und aufzeichnungen dienen insgeheim als ersatz der beichte, wenn man den anteil persönlicher eitelkeit davon abzieht (der versuch, öffentlich zu leben, ganz gleich, was dabei herauskommt). am anfang des journalschreibens glaubt einer noch, seine wirklichen erfahrungen, einsichten, versagungen etc. zu fixieren und so vielleicht wiederholungen vermeiden zu können (was nicht ausgeschlossen ist, falls die person permutiert) ... mit der zeit, mit etwas glück wird deutlich, daß wir belastungsmaterial gesammelt haben, das uns mit zunehmendem alter kompromittiert. die erzählte ‹wahre empfindung› entblößt ihren rhetorischen aspekt, die angeblich erlebte begeisterung klingt – wiedergelesen – hohl, artifiziell und beschämt nur noch ihren ‹autor›.

*

«der nichts mehr glaubt, glaubt noch zuviel», schrieb maurice blanchot. der nichts mehr verehrt, den fürchtet und bekämpft und verachtet man (zu recht? er achtet alles gering, so scheint es, einschließlich sich selbst).

*

mit jeder idee, die ich dem konsensus opfere, sterbe ‹ich› ein wenig mehr. man mag die ursache erfahrung, inkonsequenz, opportunismus nennen – einzig das resultat wird das gleiche sein.

*

lust an wörtern, assoziationen, gedankenspielen: die einsicht in den durch und durch perversen charakter dieser neigung verstärkt den drang, ihr nachzugeben.

*

daß der moralismus der wirkliche immoralismus ist (siehe hegel, bataille, simone weil . . .). sich stets der grauen erinnern, die im namen einer moral begangen wurden. in dieser optik wird es gleichgültig, ob einer als moralist oder als tyrann bezeichnet wurde.

*

10. 5. 81

die lücken in diesen aufzeichnungen, ihr mehr und mehr aleatorischer charakter markiert einen riß, einen bruch, einen kleinen tod meiner selbst. aber «den menschen finden, um den es sich zu trauern lohnte»! jeder und alles macht weiter, als ob das weitermachen das wichtigste sei. man könnte die vergessenden fast beneiden um ihre kraft der ignoranz.

*

nach einer gewissen zeit, oft ausgelöst durch eine krise, kommen in einer liebesgeschichte

die konventionellen, ‹profanen› wünsche und erwartungen zur sprache.
die einmaligkeit der kommunikation zwischen zwei wesen verliert für den einen oder anderen an glanz: es sollen nun formen ins spiel kommen, die mit dem gesellschaftlichen ganzen korrespondieren.
anders gesagt: selbst die ‹emanzipiertesten› frauen bersten vor erwartungen, die nach jahrhunderte alten idealen gebildet sind.

*

wenn ‹schulen› des denkens, fühlens, redens nichts als ein (heil)mittel gewesen sind, läßt deren wirkung proportional zur zeit merklich nach. man muß sie ‹absetzen›.

*

ich wünsche noch zuviel, um nicht mehr leben zu wollen, andererseits...
ich muß wohl über meine liebe zu o. schreiben, um nicht wahnsinnig zu werden. zweifel, ob das nicht einer profanisierung gleichkommt, eine persönliche ernüchterung durch die elenden worte nach sich zieht. das entsetzliche bei alledem war und ist ja, daß o. offiziell nicht als hure gelten will: das bürgerliche doppelspiel ist das erbärmliche!

*

nach wochen strenger klausur wieder unterwegs: die sommerkleider sind ein durch- und lichtblick! nur sehe ich bei zwei von drei ‹ausflügen› x. von weitem, was wieder schmerzt. (die unmittelbare reaktion auf ihre wahrgenommene gegenwart ist stets rein körperlich und willentlich nicht beeinflußbar: inneres erbeben oder zittern, als hätte mich ein stromstoß getroffen: die an mir beobachtete erotische ‹vorlust›.)

*

batailles gedanken ziehen mich nicht wenig hinab. die klarsicht, mit der er die condition humaine beschreibt, reduziert einen großen teil unserer alltäglichen tätigkeiten auf einen irrtum, oder auf ein kondensat von dummheit. so, als protegiere sein denken unterschiedslos alle hedonisten, ignoranten, zyniker, alle stoiker. in wirklichkeit verhält es sich aber so, daß batailles philosophie des scheiterns niemanden privilegiert: der mensch des ressentiments kommt bei ihm nicht auf seine kosten. (meine krisen beim schreiben der artaud-chronik waren nicht weniger gravierend, sie reichten an den selbstmord heran. aber neben der artaudschen negativität gab es ausbrüche einer wirkungsträchtigen radikalität und wut, die verzweiflungsphasen aufzufangen vermochten, mehr noch: konstruktiv sich auswirkten auf das lebensgefühl, der haltung der eigenen existenz gegenüber. artaud ist mir bestimmt fremder als bataille, aber die fremdheit – historisch, sozial, sprachlich – dominiert bei beiden.)

*

«un seul être vous manque, et tout est dépeuplé.» (lamartine)

*

«wer den schmerz flieht, will nicht mehr lieben (und leben!). der liebende muß die lücke ewig fühlen, die wunde stets offen erhalten.» (novalis)

*

ich fühle mich zunehmend verdammt.
das eigene unglück macht einem die anderen zusätzlich fremder, unliebsamer. sie, die fast allen glanz verlieren, bieten der bitterkeit eine angriffsfläche. so will ich sie lieber meiden.

*

ich bräuchte zahllose köpfe und hände, einen unermüdbaren organismus, der das penetrante ‹unmöglich – sinnlos!› absorbierte, verschluckte und mich weitergehen ließe.

(könnte dieser wunsch nicht bloß das streben nach mimesis sein, anpassung an die permanente betriebsamkeit aller?)

*

mit dem bezeichnen von heillosen, verwirrten, zerrissenen inneren zuständen ist ja leider gar nichts getan: der terminus bannt nicht einmal die phänomene, kann höchstens subjektive diagnose sein. und dabei, beim nominalismus, ist es schon viel, wenn zwischen zwei köpfen kein dissens über einen ausdruck besteht. meine: was ändert es, wenn ich mich oder jemand anderes etwa als fatalisten erkenne und bezeichne?

*

wenn einer in ‹seinem› TOD die einzige und letzte chance sieht, menschliche würde zu beweisen, dann ist der verdammt allein, absolut allein.

*

wenn alle befähigt wären, mallarmé zu lesen, gäbe es weder klassenunterschiede noch kriege noch outsider mehr – so lautet kondensiert viviane forresters these *(mallarmé is a machine gun)*. hier rächt sich wieder einmal das privileg derer, die qua literatur über alles und jeden befinden, aber in streng abgegrenzten – und daher begrenzten – zirkeln von intellektuellen leben. in den sogenannten sozialistischen staaten wird ja literatur direkt an den arbeitsplatz der breiten massen gebracht: oskar panizza wird im offiziellen literaturorgan der ddr ein essay gewidmet; es ist eine frage der zeit, wann man mallarmé diskutiert – und sei es als musterbeispiel für einen kleinbürgerlichen, reaktionären dichter, der ... mal wieder die klassengegensätze nicht erkannt hat. – was mich davor bewahrt, dem aufklärerischen euphemismus der forrester zu verfallen, sind ganz einfach gemachte erfahrungen, jenseits der ‹kopfarbeiterklasse›. das bedürfnis, mallarmé lesen, verstehen und beurteilen zu können, ist dort (wo frauen wie die forrester nicht verkehren, also weder auf kongressen noch in seminaren oder kolloquien) schwerlich vorhanden. etwaige ‹metaphysische bedürfnisse› befriedigt die unterhaltungsindustrie lückenlos, der rest ist auf dem illegalen markt rasch besorgt – sofern die ‹kohle› stimmt.

*

fassaden-existenzen, wo ich auch hinsehe. die intellektuellen snobs erkennt man daran, daß sie sich über alles und jeden mokieren, selbst aber sich keine abweichung von regeln gestatten, die nicht weniger lächerlich sind als die normen der verspotteten ‹spießer›.

*

die zeit ist niemals ursache von (moralischen, ethischen etc.) veränderungen.

*

ehs: ein macht- und ruhmsüchtiger, eitler popanz; intolerant und kommunikationsunfähig oder -unwillig. ein prototyp des egoistischen singles.

*

wieviel bescheidener dagegen die alten literaten: keinerlei luxus umgibt sie, auch nicht der unauffällige der jungintellektuellen, der durch inkongruente elemente und bewußte schlampigkeit einen willkürlich-individuellen anstrich bekommen soll. man sehe sich zum beispiel die *gesichter* der ‹fortschrittlichen› französischen schriftsteller oder vordenker an, lese ihre interviews: es überrascht dann nicht mehr, daß eine mondäne und wohlgenährte figur gegen die konnexion von leiden, angst und schrecken mit der tätigkeit des schreibens spricht; daß staatsbeamte, wie es die mehrzahl der französischen meisterdenker sind, zynisch den einzelnen empörer als romantischen atavismus belächeln... eben weil ihnen zu dieser haltung das format fehlt. in interviews geben sie fixfertige lehrsätze von sich, gebildet an abstrakten modellen – der theoretiker selbst bleibt immer außerhalb, unbezweifelt, sich selbst nicht in frage stellend, seine sprache, seine ideologie. daß das eigene, perfektion anstrebende ‹system› individualität nicht zuläßt und ausgelöscht hat, das verraten diese allerweltsgesichter der schreibenden, ihre interviews, die bloß noch die thesen ihrer schriften resümieren, wenn nicht kommentieren. ins bild paßt auch, daß jene von ideen nichts halten und als überheblich denunzieren, wer vorgibt, eine neue zu haben. das nenne ich: aus der eigenen not eine tugend machen.

*

der philosoph in seinem pariser exil: eine angenehm unaufdringliche person.
seine gewissensbisse gegenüber seinem ehemaligen deutschen verleger («bin ich nicht ein verräter?»), sein minderwertigkeitskomplex, osteuropäer zu sein («die franzosen stellen uns mit den zigeunern auf eine stufe»).
eine gestische posse über gabriel marcel («nietzsches fötus») während eines dîners, zu dem beckett geladen hatte (ich hätte sagen mö-

gen, daß ich seine bitteren syllogismen nicht für den ganzen beckett hergeben würde). emphatische bemerkungen über colette thomas (von der es scheint, daß sie artauds weg ging: der dichter hatte ein sicheres gespür für menschen, die außergewöhnlich an der wirklichkeit leiden), über georges bataille als redner, den er um seine äußerungen zur langeweile beneidet («ich hätte bataille kennen können, aber damals wollte ich niemanden kennen, schriftsteller schon gar nicht»). wie bataille wollte auch er einmal priester werden.

*

zu wem kann man das nicht sagen: «du bist nur auf der welt, weil genug platz da ist»? (salvatore satta)

*

die verdienste anderer anerkennen sei ein widersprüchlicher akt, behauptet cioran. wenn es aber ein zeichen wirklichen selbstbewußtseins – souveränität – wäre, das sich bescheiden gibt... aufgrund bestandener kämpfe?

*

idealismus. – was cioran als mangel betrachtet, den er zurückführt auf den verderblichen einfluß der abstraktion: nämlich die urteilsunfähigkeit von philosophen, ist in meinen augen eine auszeichnung, zumal diese spezies selten ist. die mehrheit der sogenannten philosophen besteht aus verhinderten gesetzgebern, moralpredigern und pfaffen. indem cioran sein gefühl der irrealität, das sein trumpf ist, *gegen* die welt und die wirklichkeit ausspielt, kommt er den letzteren nahe.

*

jeder kreuzigt sich selbst am besten, leidenschaftlichsten. so exponiert cioran im gespräch seine sprachsensibilität, um jene, die darüber schreiben, in *écartèlement* zu denunzieren als hohlköpfe.

*

e. m. ciorans schwäche: er glaubt noch an *die* wahrheit, wenn auch nicht an ihren besitz.

*

einige stunden auf der terrasse des ‹flore› sitzend. gegen mitternacht leeren sich die stühle, die touristen werden weniger, und der rotwein läßt mich in eine angenehme trunkenheit übergehen. straßenmusikanten machen die runde, und knapp neben mir läßt sich ein junges mädchen nieder, einen long-drink bestellend. der gerade eingetroffene gitarrist

singt ‹house of the rising sun›. ich frage meine nachbarin, ob sie jemals, wie ich, eric burdon live gehört habe. sie verneint, das sei eine «andere generation». schnell einigen wir uns, das gespräch englisch und französisch zu führen. zunächst das obligatorische sich-vortasten: nationalität, profession … professere: ich gestehe meine maßlose panik vor ein paar tagen im zug ein, die platzangst, die furcht, überzuschnappen, die unterdrückte lust zu schreien … die blonde ermutigt mich, solchen impulsen nachzugehen, heißt die mehrzahl der hier noch sitzenden «assholes», will mich beschwichtigen, auf ihren episodischen gefängnisaufenthalt und ihre freunde verweisend, die alle mehr oder weniger verrückt seien.
ich muß für einen augenblick aufs klo verschwinden, nehme dabei den umschlag mit den bataille-materialien an mich. die blonde fragt, ob ich zurückkäme, sie wolle für uns beide bestellen («i'm a rich girl»). ich bejahe.
unterdessen schwatzt sie mit einem tischnachbar. nach einiger zeit sich mir zuwendend, erklärt sie das zur üblichen «bavardage». fragt, ob ich meinen handel abgeschlossen hätte (wegen des couverts). sie eröffnet mir, daß sie mich für einen ‹herzkranken› angesehen hätte, versunken in der trauer um eine geliebte. gleich hinzufügend, daß sie eine vierjährige

affaire hinter sich gebracht habe. sie fühlt sich müde und berauscht, beklagt die unverschämten preise, fragt mich nach ‹stoff›. nach und nach erfahre ich die identitäts-data: vierundzwanzig, amerikanerin, gerade von amsterdam kommend, liebt *grass,* besitzt zwei pässe, hat einen vater in der film-industrie, will heute bei freunden nächtigen – studiert so etwas wie grafik: ich entgegne seufzend, daß künstlerinnen wohl mein schicksal seien (schicksal versteht sie sofort ohne übersetzung). ich erzähle von meinen obsessionen, jedoch meinen namen verschweigend. fassungslos, daß sie, als ich auf artaud und masson zu sprechen komme, von beiden noch nie gehört hat! – schließlich bietet sie mir an, sie anzurufen bei ähnlichen «krisen». um namen und adresse zu notieren, reiche ich ihr meinen umschlag. verunsicherung ihrerseits über die ernsthaftigkeit meines wunsches, so als sei mein großer brauner umschlag kein ort, ihre adresse zu hinterlassen.
wir verlassen gemeinsam das café, den drugstore gegenüber aufsuchend, um zigaretten zu kaufen. sie ist verwundert, daß auch ich tabak kaufe («you are a strange person»). abschiedsumarmung vor dem laden, die mir völlig ungezwungen scheint. charmant befiehlt sie mir, sie anzurufen, da sie ja meinen namen nicht

kennen würde (befürchtet sie eine rein episodische, das heißt einmalige begegnung?).

*

das gesicht ‹verrät› eben nicht immer zuverlässig eine stimmung.
das glück meiner melancholie genießend, gerade bei oder nach erfreulichen ereignissen, liest das ein zweiter als besorgniserregendes zeichen, das eventuell an seine anteilnahme appelliert. (die sensibilität, in einem gesicht zu lesen, bringen freilich nur verliebte auf.)

*

p. s «bonne chance!» wenn ich, als vorletzter, die kneipe verließ.

*

«elena! sie läuft ja wie ein offenes rasiermesser durch die welt, man schneidet sich an ihr.» (mauerparole in berlin-west)

*

überzeugung, daß das rein erotische niemals menschen dauerhaft verbindet, aneinander bindet.

*

eine der ‹botschaften› des punk heißt: alles geistlose, häßliche, dekadente, brutale ist schön (oder gut). eine ausgesprochene antimoral, wie auf hitlers enkel zugeschnitten. aber: könnte das «no future» nicht bloß eine *reaktion* – und keine häresie – auf den fatalismus der gesamten gesellschaft sein, auf den pessimismus der horde, der sich nicht erst seit gestern artikuliert?

*

mißtraue den sensiblen. ihre sensibilität reicht oft nur für sie selbst, ihr gehätscheltes ego. –

*

keiner übertraf ihn an bescheidenheit, und keiner an arroganz.

*

die nachfrage nach ideen geht proportional mit der inflation der ‹alternativen› tatbewegungen zurück.

*

nach wenigen tagen bereits *das* sehen: mon amour retrouvé gibt keine zeichen der begeisterung mehr von sich, bemüht sich habituell – schminke etc. – nur dann, wenn es darum geht, anderen zu gefallen, aufzufallen. – («dein seziermesser scheint nichts zu verschonen. alle und alles immer auf dem prüfstand?» – «ja. doch meine geduld grenzt dafür auch an stumpfsinn.») sehend, daß es mir noch etwas ausmacht, wenn ich erlebe, wie sie sich mit dem ersten besten entflammt verabredet, ergeht an mich – traurig geworden und etwas finster – die aufforderung, doch zu lachen, meine eifersucht aus dem spiel zu lassen etc. (welch bezeugung der wertschätzung meiner person, präsenz!) sie, die sich am schluß volltrunken selbst als «dreck», als «loch» bezeichnet (koketterie, provokation?), flirtet hemmungslos mit dem aufdringlichen, akzeptiert seine berührungen. folgt das übliche finale: ihr katzenjammer, ihre aggressionen gegen beliebige gäste des lokals, kotzen vor der tür, jammer und selbstmitleid – einsam auf einem barhocker. (irgendwann die aufforderung, sie umzubringen, wenn ich mich recht erinnere.) desolidarisierung und brutalität derer, die so sehr nach verständnis, ein- und mitfühlen begehren. deren zerrissenheit – oder vielmehr das bewußtsein des eigenen scheiterns – sich destruktiv äußert, die selbstdestruktion ist dagegen die art zu leben, das durchhalten an der grenze von ekel und entsetzen... unterbrochen von selbstgenehmigten exzessen, die einen geschmack des bekannten hinterlassen, da vorher bereits eingeschätzt, beurteilt, in frage gestellt: überbewußtheit, die nachträglich abwerten muß, da das subjekt sich selbst ab-schätzt. und nicht zu vergessen: die sich exteriorisierende frigidität, das uneingestandene unbefriedigtsein (frigidität als wirkung der unbewußten reserve, sich hinzugeben). – was ich hier schreibe, ist kein selbstporträt: es soll einzig dazu dienen, meiner empörung ein gedächtnis zu schaffen. tatsächliches opfer meiner – ohnmächtigen – wut an jenem abend war nicht die kalte frau, die keine ist, sondern höchstens einer solchen äußerlich gleicht: banalerweise waren es autospiegel, auf die ich einhieb.

*

wenn einer auf dem marktplatz laut denkt, ist es nicht selten der marktplatz, der sich artikuliert, und nicht der denker. (zu baudrillards beitrag bei einem dem nihilismus gewidmeten symposion)

*

ich habe mir ein neues notizbuch zugelegt, da die meisten adressen darin ‹sich erledigt› haben. nüchtern muß ich feststellen, welchen simulanten ich doch aufgesessen bin – verwundert, wie lange ich fast nichts wirklich sehen kann.
womit zu leben mir angeboten wird: apathie, stumpfsinn, ironie, frivolität, aggressivität, ressentiments, eitelkeiten, zynismus, arbeitszwang als norm, und zur unterhaltung ausge-

tauschte hohlheiten, das meinen, das denken, das behaupten, die überzeugungen und standpunkte, ein paar leitartikel, ein paar schlagzeilen, eine neue frisur, ein neuer geliebter, ein neues paar schuhe, aber immer wieder der *alte rotz.* mein magen rebelliert seit wochen; ich glaube, er weigert sich nur, immerfort zu kotzen. mein mund brennt und ist voll speichel – soll ich kotzen und spucken? – durch nikotin und wein. ich schlucke und inhaliere, statt zu schreien, ich habe schmerzen und ängste, weil ich nicht schreie oder prügle, sondern schreibe. jede triebhemmung muß man bezahlen, nicht wahr, herr doktor? worte, worte ... ich habe angst vor jedem abgeschlossenen satz, das heißt vor dem punktsetzen: *das* ist es nicht, sage ich mir, und ein ensemble solcher splitter ergibt wieder nur ein neues gebrochenes, verzerrtes ‹bild›. also abermals schreiben ...

*

... «wer blutet, lebt!» ...

*

«nur der grad unserer illusionslosigkeit gewährleistet die objektivität unseres urteils. da aber ‹leben› parteilichkeit ist, irrtum, trug oder wunschtraum – schlagen wir uns, objektiv urteilend, nicht auf die seite des todes?» (e. m. cioran) vide nietzsche und seine geißelung der lebensverneiner...

*

«jeder gnadenlose analytiker, jeder enthüller des scheins und um so mehr jeder ‹nihilist› ist nur ein blockierter mystiker, und zwar ausschließlich deshalb, weil ihm widerstrebt, seiner klarsicht einen inhalt zu geben, sie zum heil zu wenden, indem er sie mit einem unterfangen verbindet, das über sie hinausgeht.» (e. m. cioran, *valéry und seine idole,* über sich selbst!)

*

pavese, tagebücher:

«die liebe ist wirklich die große bestätigung. man will *sein,* man will *zählen,* man will – wenn man sterben muß – sterben mit wert, mit geschrei, kurz – *bleiben.* und doch ist immer mit ihr verbunden der wille, zu sterben, sich in ihr zu verlieren: vielleicht, weil sie so übermächtig leben ist, daß, wenn wir uns in ihr verlieren, das leben noch mehr würde bestätigt sein?»

ich bin dein liebhaber – darum dein feind.

das geschlecht, der alkohol, das blut.
die drei dionysischen momente des menschli-

chen lebens: dem einen oder dem anderen von ihnen entgeht man bestimmt nicht.

...bemerken, daß das leben wichtiger ist als der gedanke, bedeutet ein literat sein, ein intellektueller; bedeutet, daß der eigene gedanke nicht leben geworden ist.»

*

«könnte einer sich ganz haben, er wäre sich los.» (reinhard goering, 1913)

*

mißgefühl nach ununterbrochenen ‹fachgesprächen›. die allenfalls durch anekdoten aufgelockert werden: gefühl der profanität. sich nicht mehr auf dieses niveau einlassen.

*

deutsche kneipiers entsprechen in der regel dem klischee von schlägern

*

– batailles frau diana wird als frau beschrieben, die – ihm geistig nicht gewachsen, wenn nicht fremd – mit den konventionellen weiblichen waffen reüssiert...
– aber sie muß doch eine schönheit gewesen sein?!

(um so schlimmer für die frau, wenn sie, ihre schönheit als tauschwert begreifend, diese zur waffe macht: mangelnde güte, selbstbesessenheit, also fehlende souveränität, das heißt die ökonomie einer krämerseele, wird sie unweigerlich entstellen.)

*

– ich bin erstaunt, daß sie solche vertraulichkeiten so ohne weiteres vor mir preisgeben …

– aber sie sind doch nicht angestellt bei mir! – (*das* fremdwort im kulturbetrieb: diskretion …)

*

daß oswald wiener – oder der wissenschaftliche geist in ihm – sich alles verspricht von maximierter quantität im wissen … und (scheinbar) nichts vom qualitativen exzeß. ich bezweifle, daß die restlose wissenschaftliche beschreibbarkeit der welt mein lebensgefühl verändern würde. – «aber was liegt schon am ‹lebensgefühl›, was an dir?» (so argumentieren barbaren.)

*

der irrtum aller selbstaussagen, statements. – eine diplomatische art, vor anderen unsere desorientiertheit – wenn sie nicht verneinung ist – zu verbergen.

*

die größte schwäche: tatsachen des affektiven lebens *nachträglich* eine logik, eine vernunft, ein system zu geben: klirrend wie eis ...
es ist
die beredsamkeit, mit der blinde ihr gebrechen überspielen wollen. –

*

die vermißten ekstasen, der jammer, das eingesteckte, die bescheidenheiten als motive, eine vorzeitige reduzierung – ohne sofortigen tod – zu verfluchen.
andererseits die lächerlichkeit der eitlen selbstbehauptung: der sargdeckel über dir geschlossen, gibt es vermutlich und hoffentlich nichts mehr, das an bewußtsein erinnert.
die ewige konzilianz, die unendlich aufgeschobene ‹radikalität›, meine unverständliche sozialhelferneigung trotz eines körpers, der immer heftiger rebelliert und mir dadurch zunehmend fremder, zu einer last wird.
was uns unterscheidet, ist auch das, was uns leiden macht.

*

c. m. cioran nur ein weiterer unheilsprophet? die grenzen sehen, die dekadenz mit ihrer potenzierung oder aber mit moralismus ‹heilen› zu wollen.

der einzige einwand: hat cioran das leben nicht bloß gemieden? und von welcher warte aus diagnostiziert er heute – die literarischen figuren einmal ausgenommen? anders gefragt: wem steht ein urteil über *die menschen* zu, wenn er sich nicht mit einigen wenigen völlig eingelassen hat? oder ersetzt die selbsterfahrung eines tages alle und alles, so daß der denker dann meint, jenseits der kategorien zu stehen und folglich urteilen zu können? (artikuliert sich hier vielleicht nur meine abwehr der negativität ciorans?) die schwierigkeit ist, daß cioran die möglichen argumente eines beliebigen kritikers vorwegnimmt: kein buch, in dem er nicht sätze hämmert, die seine existenz und die des buches eigentlich auf der stelle vernichten müßten ...
das mittelmaß unterliegt letztlich immer, hofft x.

*

wie langweilig: der widerspruchsfreie mensch

*

in den supermärkten gibt es zum preis einer packung zigaretten ein paar hundert bedruckte und broschierte seiten papier. keine verfasserangabe, kein titel, dafür ein farbiges umschlagsfoto und die bezeichnung des genres («roman»). wird so die zukunft literarischer kultur aussehen?

*

bei der selbsttötung andere mitvernichten zu wollen kennzeichnet die zu-kurz-gekommenen, die menschen des ressentiments.

*

schließlich gibt es für sprachskeptiker noch immer das *gesicht* des anderen als anhaltspunkt – es sabotiert die besten täuschungsanstrengungen, die raffinierteste wortakrobatik. – aber auch diese überzeugung nur ein kaum getarnter *rettungsring*!

*

schreiben ist mit einer derart reduzierten motorik verbunden, die gern mit mangelnder vitalität assoziiert wird, daß der anblick eines schreibenden immer den eindruck der hilflosigkeit erweckt. die nur selten schreiben, bringen zum ausdruck, eine art sklavenarbeit zu verrichten (die ersten opfer der nicht-schriftlichen nachrichtenübermittlungssysteme). der anachronismus ‹schreiben› wird somit zur ausnahme, zum extrem, und der monologisierende schreibende zum perversen: er zieht sich zu seiner tätigkeit zurück, denn in jedem gesicht glaubt er die mißtrauische frage zu lesen «was zettelt der an?». (menschen die ganz bei sich sind oder verloren in einem anderswo, werden als bedrohung empfunden.)

*

energisch, optimistisch, selbstbewußt: die ärzte sind mit abstand die größten schauspieler des alltags.

*

das vorschieben endzeitlicher motive, um sich skrupellos dem konsumgenuß hinzugeben, die arbeit an sich selbst zu vernachlässigen («angesichts des bevorstehenden desasters hat nichts mehr sinn ...»).

*

ein spaziergang durch die hiesige neubausiedlung genügt, um mich davon zu überzeugen: hinter den mauern dieser mietskasernen wird das kleinbürgerlich-faschistische machtgesocks von morgen herangezüchtet.

*

mit anekdoten, epigrammen, dialogen, aperçus ein buch machen heißt vortäuschen, wie aufregend das leben ist.

*

die ‹stärke› der großen: rigoroser egoismus (handeln gemäß der frage: was nützt mir als werk?)
alles, was das gefühlsgleichgewicht beeinträchtigen könnte – es sei denn, dies sei im rahmen des entwurfs gewollt –, an letzter stelle rangieren lassen
die anderen als neben*sachen,* allenfalls als statisten betrachten
das ‹werk› die erste und letzte passion
. . . aber keine souveränität

*

vom verstehen her ist es mir selbst ein rätsel, daß ich weiterlebe – nicht wissend, was mich noch, oder nicht nur vorübergehend, begeistern könnte.
was ist es dann, wenn nicht tiefe perversität, koketterie . . .?

*

möglicher buchtitel: *der wahnsinn des sinns.* ein handbuch zum ratlos-werden.

*

kann man sich nietzsche in einer stadt wie paris lebend vorstellen? würde man von dort aus sein einsamkeitspathos nicht als pose oder megalomanie betrachten?

*

was nützt mir meine maßlose fähigkeit zu leiden? gefahr der verklärung, der stummen und passiven resignation. –

*

«was machst du so?» – «ich atme.» (selbstporträt von 1971)

*

«er träumte nie von ihr. sie träumte nie von ihm. sie wurden beide nur von demjenigen geträumt, der sie einander hätten sein wollen.» (blanchot, *l'attente l'oubli*)

*

ein schriftsteller? aha, also einer, der sich verzettelt, sich an wortkrücken durchs leben bewegt, den kopf voller illusionen...

*

kompromisse rächen sich – früher oder später – unweigerlich, sie schwächen die integrität, nicht die identität.
integrität, geradlinigkeit dagegen ‹rächt› sich auf der stelle, oder nie. das hat den vorteil leichterer überschaubarkeit.
nachgeben sei auch eine art von sieg, ja, aber das trifft nur für fälle hartnäckiger schlaflosigkeit und ähnlicher beschwerden zu. freilich ist manchmal der kraftaufwand, sich gehen zu

lassen, kaum geringer als der, widerstand zu leisten, und ich muß eingestehen, daß das objekt der résistance mit der zeit immer anonymer, abstrakter wird; fehlt ein ideologischer fixpunkt, was selten ist, stellt es sich letztlich heraus, daß man sich selbst widerstand leistet, seine verfemten, frivolen, zur bequemlichkeit neigenden seiten sabotieren will. ergo geht nichts ohne selbstentfremdung.

*

3. 1. 82
einige wochen ohne antidepressiva durchgestanden, glaubte ich, wieder ‹im lot› zu sein: irrtum. das schreckgespenst angst kehrt wieder.

*

an ehs (skizze)
ich habe dir für deine post seit juni letzten jahres zu danken.
mein schweigen sollte dir die zeit oder einen wink geben, unsere letzte begegnung zu reflektieren. aber ich muß wohl deine sensibilität überschätzt haben.
mir gelingt es jedenfalls nicht, dein damaliges verhalten, das mich, gelinde gesagt, schockierte, abzulösen von deiner person und etwa der situation, den umständen zuzuschreiben. für mich hast du alle register dessen gezogen, was

mir einen menschen abstoßend und vertrautheit unmöglich macht.
verächtlichkeit, beständige ironie, philiströse intoleranz, eitelkeit, karrierismus, arroganz ... (es ist sinnlos, so etwas zu expedieren – indirekt tue ich so oder so nur dem geschmähten einen gefallen).

*

n.s versicherung am telefon: «ich werde dich nie verraten.» die als versprechen, schwur verkleidete anklage: «aber *du* verrätst mich oder hast mich verraten» lautet richtig die unausgesprochene fortsetzung dieses satzes.

*

wäre schlaflosigkeit letztlich ein problem der ‹berufsdenker›? ein das anarchische unbewußte scheuendes gehirn, auf produktion *und reproduktion* von preziosen getrimmt?

*

warum soviel über mein überfälliges umziehen reden? ich bin zwar anwesend, aber nicht hier, zwar hier, aber immer anderswo, dem anschein nach allein, aber in gedanken stets bei b.
...die schwierigkeiten, eine präsenz zu vermitteln. alle vehikel – schrift, telefon u.ä. – untauglich. nur *the person is the message*.

*

neue tranquilizer, die einen «stimmungsumschwung» bewirken sollen. warum eigentlich? weil man einen solchen zustand einem zweiten kaum plausibel machen, weil man sich das, kurz gesagt, *nicht leisten kann:* alle erwarten etwas von dir! nämlich: nicht *ver*stimmt zu sein.

*

was wäre, wenn man um die bedeutsamkeit eines augenblicks schon wüßte, *während* man ihn noch erlebt? so beginnen die meisten der ‹philosophischen› suggestiv-fragen...

*

nach mitternacht einigermaßen beruhigt – vielleicht nur dank des vinos?
es ist grausam und eine selbsterniedrigung, sich vor den analytikern selbst zum ‹fall› machen zu müssen: diese degradierung zieht kräftig herab. man stilisiert sich zu einem irregelaufenen etwas, das ratloser scheint, durchsichtiger etc., als es in wirklichkeit ist.

*

motiviert, läßt es sich einfach überzeugender – da geblendet – agieren, das scheint der einzige unterschied zu einem handeln zu sein, das von indifferenz, skeptizismus usf. getragen wird. jedoch ist damit nichts über die resultate gesagt!

*

«... die kommunikation scheitert nicht aus unverständlichkeit, sondern weil sich eine richtige spaltung zwischen der gemütserregung des subjekts – das lob ausspricht oder verliebt ist – und der nichtigkeit, der aphonie seines ausdrucks, ereignet.» (barthes, *über mich selbst*)

*

thailändischer zeitgenössischer film: der prüderie (die frauen baden und waschen sich bekleidet) entspricht eine detailbesessene, exzessive grausamkeit.

*

auf welches banale und lieblose niveau gewisse zeitgenossen die kommunikation absinken lassen, ist kaum mehr zu ertragen. die idee erotischer zeichen, von spannung und intensität liegt da schon jenseits des überhaupt vorstellbaren. zwischen puerilität und platten obszönitäten scheint es keine alternative zu geben für sie: das bewußtlose elend.

*

«weißt du eigentlich, mit welchem nichts du dich mit mir einläßt?» (x., kokett)

*

das phlegma der mitmenschen im landeskrankenhaus hier wirkt ansteckend auf mich. keine konzentration zur lektüre, mir abgerungene briefe (stichworte an die mir liebsten menschen). all das eine wirkung der kaum sichtbaren oppression. des konformitätszwangs, der sanften disziplinierung in solchen einrichtungen?

*

NO SUN

*

im augenblick bin ich stark erkältet, ernst und gelassen. innere kraft statt verzweiflung. (endlich wieder erotische träume. die frage: wie schnell adaptiere ich mich an eine situation? und an jede beliebige? sind die letzten träume in dieser beziehung nicht prophetisch? meine wahrheit?!)

*

wer fühlte sich nicht geschmeichelt und geliebt zugleich, wenn der geliebte andere um seinetwegen auch nur den gedanken an selbstmord weit von sich weisen würde?

*

e. m. cioran (1981):
«je weiter der mensch fortschreitet, je weniger dinge wird er finden, zu denen er sich bekehren kann.»
(eine stetige zunahme an bewußtsein vorausgesetzt! das leben eines halbwegs intelligenten menschen besteht aus zahlreichen konversionen. es ist möglich, daß er am ende zum nichts konvertiert.)

«wehe dem schriftsteller, der seinen größenwahn nicht pflegt, der ihn schwinden sieht, ohne etwas dagegen zu unternehmen! bald wird er merken, daß man nicht unbestraft *normal* wird.»
(dem publikum, vor allem aber den journalisten, welchen cioran diese einsicht verdankt, eine kräftige ohrfeige! der ausdruck ‹literaturbetrieb› ist angebracht, handelt es sich doch längst um eine sparte des showbusiness, in dem selbst menschliches leiden genüßlich verwertet wird.)

«kaum auf der straße, rufe ich aus: wie perfekt ist doch diese parodie der hölle!»

*

der aphorismus, das heißt das streben nach einer pointe, verkommt leicht zu purer rheto-

rik. dem schreibenden wird der *effekt* wichtiger als das gewicht seiner aussage: meine definition der *eitelkeit.*
(man muß nicht unbedingt zu kalauern greifen, um den leser bei laune zu halten: ebenso dankbar nimmt er gut applizierte ohrfeigen entgegen ...)

*

die selbstdefinition oder -deklination wird einem unweigerlich zum eigenen strick

*

durchzug einer narzisse, die beginnt, ihren katechismus auszubauen, das heißt, gewöhnlicher zu werden. diese den parasitismus verhüllen wollende philanthropie, diese absolute abhängigkeit vom urteil anderer (= bewußtsein der eigenen nichtigkeit), diese angst vor ebenbürtigen oder gar überlegenen ... das ausspielen unbewiesener vorzüge aus purem ressentiment ... die exponierung anderer begegnungen, um die mit mir zu relativieren ... solche kälte und desinteressement, daß mir nachträglich übel wird.
der habitus, die äußere erscheinung ist kein geringes vorzeichen für das innenleben! – beschämend, daß ich unterhalb meiner erkenntnisse handle ...

*

ewige reserve
das weitverbreitete übel: niemanden mehr anerkennen zu können – vor allem, wenn man diesen länger, genauer ‹kennt› –, weil man sich selbst nicht anerkennen kann
kleinbürgerlicher individualismus, spielart künstler
«ich bin unabhängig»
projektion der eigenen ratlosigkeit seitens o.
empörung über *ihre* korruption, ihren verfall!!!

*

‹entwicklung›, ‹befreiung› nur durch sukzessive destruktionen, aggressionen möglich.
der wille, nicht mehr leiden zu wollen unter den folgen der eigenen inkonsequenzen.

*

eingeladen zu einem treffen schreibender, frage ich mich, was ich dort erwarten könnte außer einem totschlagen der zeit, außer dem besäufnis und der kümmerlichen meinungsaustausche.
was ich bei den vorhergehenden treffen dort vermißt hatte, war eine ganze *person,* die zu merken sich lohnt.
wie, das soll also die geistig-künstlerische elite sein? die outsider, mit und ohne pensionsanspruch?

der ehedrama-romancier u. s., der volltrunken in einer ecke liegt, oder b. n., sinnlichkeitsprophet und angehender psychoanalytiker, der, die bierflasche in der hand, auf einem tisch hockend, mich aufzuziehen versucht: «nun sag doch 'mal was, dichter...»? aus ratlosigkeit schwelgt man schließlich in erinnerungen an seine studentenzeit... das einzige, was die geladenen verbindet, ist die tatsache, daß die meisten einmal in derselben zeitschrift – für vernunftkritik! – veröffentlicht haben. der rest ist diese saufkumpanei, die gratis-sympathien voller aggressivität.
am ersten abend in t. hatte ich mit e. s. und a. m. etwa zwei kurze, sachliche gespräche. die restlichen stunden saß ich so überflüssig herum wie etwa im hofbräuhaus. ich trank hastig, um das auszuhalten. x., meine begleiterin, hielt sich mir notorisch fern. nach stunden winkte ich sie heran, zog sie an mich, um sie mit dem fuß in die tischgesellschaft zu stoßen (meine art, schreie zu hauchen). das war komisch und trist zugleich, meine geste aber war, obwohl ich selbst berauscht schwankte, so kalkuliert, daß sie mehr symbolisch (anziehung–abstoßung) als schmerzhaft ist.
ich zweifle, ob einer der dreißig oder vierzig anwesenden begriffen hat, daß sie mitgemeint waren von mir. konsequenterweise hätte ich

die freßtische umwerfen sollen, statt meine traurigen tänze zu tanzen.

*

alles vergeht, alles ist falsch – und trotzdem dauert, dauert es!

*

immer nur die miteinander unvereinbaren ideale trennen die menschen voneinander, nicht ihre jeweiligen ‹eigenschaften›, subjektivitäten etc.
was ich mit dieser wiederholten behauptung will: das urteil ‹gut› oder ‹böse› an die moralisten, die glaubenden delegieren (denn es läuft auf die distinktion ‹brauchbar, günstig, kompatibel› – ‹unbrauchbar, mißgünstig, inkompatibel› hinaus), um nur noch zwischen frei und konditioniert zu unterscheiden (und danach zu entscheiden). doch auch die privilegierung eines zustandes, der mit ‹frei› bezeichnet wird, holt eben dieselbe metaphysik ein, die vermieden werden sollte. seinen idealen gegenüber frei zu sein, um sich anderen menschen öffnen zu können, die andere ideale haben, impliziert für mich beinahe identitätslosigkeit – ein weiteres ideal. erfahrungsgemäß scheint aber ein völlig unegoistischer, identitätsloser mensch für kommunikative bezie-

hungen nicht prädestiniert, wenn nicht ungeeignet zu sein.
eine abschweifung also über *mein* ‹ideal›: die transparenz, die kommunikation, die koexistenz, die gemeinschaft von egozentrikern, nicht über ein universelles ‹problem›. die wünsche, die ideale, die utopien sind das problem, nicht der eine mensch dem anderen oder sich selbst. und da redet man von der ohnmacht der ideen!

*

das wirksamste mittel zur desillusionierung (für ‹fans›): man versuche, sein idol persönlich zu erleben, ‹kennenzulernen›. allerdings klärt diese übung nur über unseren eigenen geisteszustand und unsere begeisterungsfähigkeit auf, niemals über das idol!

*

ernst jüngers *strahlungen:* jünger lebt im feld so wie heute etwa gerade noch die großbourgeoisie in den metropolen.
faszinierend die kontinuität im leben und erleben, die kaum ein äußeres – historisches – ereignis zu erschüttern vermag. es ist die einzigartige individuelle kraft, alles mit sinn zu erfüllen – also eine leistung, kein stoizismus.

*

beim wiederholten blättern in camus' «tagebüchern»: wie zeit- und ereignisfern sind doch seine aufzeichnungen!

*

ich sträube mich gegen das erlernen einer fremdsprache bis zur perfektion, das heißt gegen die reproduktive tätigkeit des geistes.

*

mit einem menschen, der radio hört, verbinde ich immer einen einsamen, melancholischen.

*

internationale kunstausstellung: es ist anstrengender, die kunst-touristen auszublenden, als sich auf die kunstwerke zu konzentrieren.
die menschenmassen an jedem ort: auch das ein effekt der monetären egalisierung. was deren bewußtsein, kultur, haltung, sprache etc. angeht, so nähern sie sich eher den höhlenmenschen.
die meisten kunstwerke, die auf der *d7* zu sehen sind, stellen ein ziemlich genaues äquivalent dieser situation und dieses niveaus dar: betonter dilettantismus – gefeiert als rückkehr zur malerei –, kunsthandwerkeleien, puerili-

täten, grafik-design-abklatsch, amateurwerkeleien.
immerhin stoßen die ganz zurückgebliebenen noch narzistische flüche vor diesen spiegeln ihrer eigenen dekadenz aus.

*

meinen ring ablegend, um die unterseite des steins zu reinigen, fällt mir die interpretation dieser geste durch x. ein (wenn sie auch der letzte handgriff meiner entkleidung war): sie muß sie für die äußerstmögliche loslösung von mir selbst, meiner vergangenheit, biographie gehalten haben, wie auch für die vollkommene öffnung meiner selbst für sie, für diesen bestimmten augenblick. von leidenschaft getragene einsichten oder deutungen sind vielleicht die glanzvollsten, aber weder die wahren noch die beständigen. die vereinnahmung des geringfügigsten details zugunsten der hypothese von der vorherbestimmtheit einer begegnung – gehört aus den erwähnten gründen zu den liebenswertesten bizarrerien des menschlichen hirns.

*

unser gefesselt-sein an den tierstatus zeigt sich am deutlichsten in der sexualität, deren charakter der ‹zugabe› mir unbestreitbar scheint: höchste intensitäten, den exzeß verkraften organe und organismus nicht, sie sind für die ‹perversen› wünsche des menschen nicht konstruiert. zwischen physis und wünschen gibt es eine vollständige disharmonie. was wunder, daß die einzigen erweiterungen im geistigen gesucht werden, daß wir das träumende, fantasierende, hoffende, sehnende, begehrende tier sind...

*

die periodizität meiner schrecken

*

das leben als maske des todes

*

ernst jünger betrachtet die menschen mit den augen des insektensammlers: man weiß eigentlich nie, wer ihn tief berührt. was könnte ihn überhaupt erschüttern? ihm in die magengrube fahren, ohne daß sich sein kühler kopf dazwischenschaltete?

*

«es scheint mir, daß ich in der liebe zur wahrheit dem absoluten am nächsten bin. ich kann gegen die gesetze der moral verstoßen, kann unzuverlässig meinen nächsten gegen-

über sein – von dem aber, was ich als echt und wahr erkenne, kann ich nicht abweichen.» (jünger, *das zweite pariser tagebuch*)
ein verwandter sades, nietzsches? die subjektive willkür als richtschnur?

*

weshalb die höchste souveränität nur dem sterbenden oder dem todesverächter gewährt ist:
«er erfaßt eine neue art, sein leben zu lieben – ohne erhaltungstrieb; und seine gedanken gewinnen souveränität, indem sie sich der furcht entwinden, die alle begriffe, alle urteile trübt und beschwert.» (jünger, *das abenteuerliche herz,* II)
verbreiteter ist jedoch der trug, souverän zu denken und servil zu handeln. hierzu gehört die neigung von denkern, sich mit begriffen die welt zu einer «papierblume zurechtzuschneiden», zum übersichtlichen weltchen in der welt.

*

«es gibt ein sterben, das schlimmer ist als der tod und das darin besteht, daß ein geliebter mensch das bild, mit dem wir in ihm lebten, in sich abtötet. wir löschen in ihm aus.» (jünger, *das zweite pariser tagebuch*) der schmerz währt so lange, wie wir selbst noch lieben, den anderen nicht unsererseits sterben lassen.

*

von sämtlichen sympathiebekundungen – es sind wenig genug! – auf veröffentlichtes hin, bleiben nur zwei, an die ich mich gerne erinnere: anonyme reaktionen, von frauen. sie kamen – als ein zeichengeben – dem nahe, was ich im umgekehrten falle vielleicht getan hätte.
(den reaktionen von männern haftet dagegen immer etwas berechnendes, narzißtisches – sie schreiben ihrerseits –, besitzergreifendes, überrumpelndes an. das beginnt mit der selbstverständlichkeit des «du», die ein einvernehmen voraussetzt, einen verwandtschaftsgrad, den ich beim besten willen nicht zu sehen vermag, und endet meist mit der bitte um protektion.)

*

im winter hatte ich o. eine platte von joy division geschenkt; der schönste der beiden titel: «don't go away, in silence», sollte eine art beschwörung sein. das benannte scheint nun eingetreten. –

*

die chance der bedingungslosigkeit entgegenhalten, und das ideologische, das interessierte, die christliche moral der letzteren springt in die augen.

*

den kampf gegen die *verschmutzung der innenwelt* nie aus den augen verlieren.

*

wer heute von sich behauptet, er lebe würdig, lügt oder ist ein hoffnungsloser fall von genügsamkeit.

*

ernst jünger im fernsehgespräch: «was wir hier reden, das ist – im vergleich zur erd- und weltgeschichte – wie eine ameise, die irgendwohin kriecht.»* darauf ein diabolisches, trockenes lachen, nach welchem sein gesicht todernst, unverändert bleibt. so lacht nur ein nihilist oder ein heiliger.

*

diese notizen werden mir mehr denn je zur enklave. ich sollte mir besser eine kälteresistente haut wachsen lassen.

* vide schiller: «wir menschen stehen vor dem universum, wie die ameise vor einem ... palaste ...»

das mißverhältnis: ich glühe neuerdings zu oft am falschen ort, zur falschen stunde, der falschen menschen wegen.

*

kardinalfrage eines biographen: willst du wahrheiten fördern oder fakten?

*

ich betrachte es immer als unheilvolles vorzeichen, wenn man beginnt, sich an den universitäten mit einem autor auseinanderzusetzen. die ideologische (logische, wissenschaftliche, soziologische, psychologische, historische etc.) vereinnahmung eines werkes setzt ein, zugleich seine etikettierung, säkularisierung und popularisierung. wer beriefe sich heute nicht unter den vorzeichen der erotik, der ekstase, des festes, der religion, der verausgabung, des dionysischen auf georges bataille, und sei es nur, um sich vom gängigen ‹linken› – sozioökonomischen, psychoanalytischen, dialektischen, ratiologischen – argumentations-stil zu unterscheiden? die, die sich für die seismographen von zeitströmungen zu halten scheinen, konstatieren bereits einen «mythos bataille». nun, wenn es diesen mythos gibt, verstanden als eine art von idolatrie, so beruht er auf einem *irrtum*. (beispiele: die – ewig –

aktuelle diskussion um die sexualität arbeitet einen not-stand auf, die nachwehen der sogenannten sexuellen liberalisierung; dies und was unter ‹partnerschaft› problematisiert wird, das heißt dieser narzißtische zweikampf um aufrechterhaltung der individualität bei maximalem ‹lustgewinn› – ist batailles erotikbegriff geradezu diametral entgegengesetzt. der slogan «sex is fun» kennzeichnet die positive umklammerung, in der die sinnlichkeit spätestens seit den dreißiger jahren erstickt. eine andere fraktion wiederum denunziert erotik als idealistischen begriff; indem sie sich zum puren sex bekennt, wähnt sie sich fortschrittlicher als die psychologisierenden erotiker, enthüllt jedoch nur ihre kleinbürgerliche konsum-mentalität. alles geschriebene ist ein sexogramm …
der tod ist wieder diskurswürdig gemacht worden; aber neben der notwendigen wiedervergegenwärtigung eines verdrängten kapitels der menschheitsgeschichte verflacht die debatte zu sterbehilfeplädoyers, die wünschbarkeit eines humanen todes artikulierend: das ist fern der batailleschen «todesfreude», die den tod als lebensstimulans begreift.
der einsame tänzer in einer discothèque, der zuhörer in einem rock-konzert mag sein erleben als ekstase mißverstehen, aber wo die kol-

lektive partizipation an der erzeugung von etwas heiligem fehlt, wo opfer und ritus fehlen, kann man nicht mehr von einem fest sprechen, selbst wenn die versatzstücke daran erinnern.)
adepten wie gegner vergewaltigen notirisch ein werk zugunsten ihrer interessen. sehen linguisten ausschließlich die praktizierte oder unterlassene subversion der ideologischen codes in einem text, wirft sich das feuilleton auf die vermeintliche ahnenreihe nietzsche–hitler–bataille (die namen sind auswechselbar). man macht sich einen bataille zurecht, der je nach standort des interpretierenden revolutionär oder reaktionär sein soll. einen bataille, der die gegenaufklärung einläutet, einen neuen «mystizismus» verfechtet (sartre), der nostalgie nach archaischen kulten seine stimme leiht; und einen bataille, der den orthodoxen hegelianismus, den scientismus, die theologie, den nationalismus, den patriotismus, den existentialismus, den faschismus, den merkantilismus, die technokratie, den anthropozentrismus attackiert.
aber es gibt kein eigentliches ‹weiterleben› der ideen batailles (nur die übliche denkmal- und mage-pflege); nicht, weil sein denken zu sehr an seine person gebunden wäre, sondern weil es quer zur gegenwart steht, gestern wie heute,

und es zur eigenschaft dieses denkens gehört, schwer assimilierbar zu sein: einer der gründe, warum es mich fasziniert.

*

die simone weil der *cahiers:* eine platonikerin und christin auf der suche nach der universellen formel der wahrheit. versucht man, wie sie, aus naturwissenschaften, mathematik, christlicher und indischer mystik ein identisches gesetz abzuleiten, so kann es nur das der kakophonie sein. – das gegenteil einer ekstatikerin: selbst die reflexion ist ihr nur mittel zum zweck, das heißt zur weltverbesserung. solche nüchternheit und verhirnung macht steril, tötet im grenzfall.
dennoch wären wir ohne ihre aufzeichnungen, die den inneren kampf nachzeichnen, sehr viel ärmer.

*

welch gefühl, in einem land zu leben, das laut statistik literarisch von karl may und hermann hesse beherrscht wird.

*

«ohne eine allumfassende enttäuschung kann es keine allumfassende erkenntnis geben.» (e. m. cioran, *tares,* 1982) cf. theodor lessing

*

‹kleine tode›:
«die einzig bemerkenswerten ereignisse eines lebens sind die trennungen. sie verschwinden auch als letztes aus unserem gedächtnis.» (cioran, op. cit.)

*

ein amateursoziologe beklagt die depravation der frau in den fotos eines modefotografen. die exklusivität von dekor und kostümierung erschaffe nicht nur einen irrealen raum, sondern beraube die modelle ihrer individualität und menschenwürde. auf die idee, daß solch ein dozieren vielleicht entwürdigender ist als die manipulationen des bewußten fotografen, kommt der mann nicht. er muß wahrscheinlich davon ausgehen, daß die fotomodelle nicht wissen, was mit ihnen geschieht, und folglich eines vormundes von seinem schlag bedürfen. wetteifert da nicht seine verachtung der frau mit derjenigen des fotografen?
sollte es ihm jedoch nicht um die weiblichen opfer der entfremdung gehen, sondern um die konsumenten dieser edelpornos, so gilt analoges: der kritiker spricht den rezipienten das intellektuelle vermögen ab, einen so offensichtlichen sachverhalt – das ins-bild-setzen von männerwünschen – zu erkennen. gänzlich

lächerlich ist freilich diese art von moralisch-soziologischer ästhetik: so erkennt der kritiker den ungestellten fotos von prostituierten in ihrem milieu mehr menschlichkeit zu als der berechneten inszenierung erotischer männerfantasien. christliche ethik, natürlichkeitsfetischismus, realitätsverschworenheit, puritanismus oder neid des amateursoziologen, dem die nobelmodels unerreichbar sind und ihm deshalb jede identifikation verweigern?
das bezeichnet man auch mit «aufkläricht», aber man erwiese dem populären fotografen zu viel ehre, wollte man ihn verteidigen, realisiert er doch lediglich kollektive ideale und wünsche.

*

die angst bei der begegnung zweier, die sich begehren! das *heilige* ist so körperlich erfahrbar: als beben zwischen anziehung und abstoßung.

*

neurotische strategien: fliehen, um nicht verlassen zu werden (nicht in die lage zu kommen, verlassen zu werden) – seinen wert steigern, indem man demonstriert, wie viele einen begehren – sich verschließen, sich zieren, um zu verführen etc.: traditionell weibliche schachzüge, das heißt defekte

*

die von b. häufig geäußerte furcht, sich mit oder neben mir zu tode zu trinken, scheint mir nur eine metapher für die angst, sich hinzugeben, gehen zu lassen. (aber wie sollte das denn aussehen? auf ein gewisses sich-gehen-lassen ihrerseits, das mich provozierte, reagierte ich allergisch und aggressiv; andererseits bestätigte mir b., nur bei mir könne sie ganz ungeschminkt sein . . .?)

*

das passive wiederhören von konservierter u-musik besitzt wenig reiz für mich. die exakte wiederholung des gleichen – man wartet schon auf bestimmte stellen! – kann ich nur wenige male genießen (ich kann das stück dann auswendig). auch versagt das medium zunehmend, um vergangene stimmungen zu evozieren: es vermag mich nur noch an die stimmung zu erinnern, das gefühl selbst kommt nicht auf.

*

rein intellektualistische musik ist eine perversion

*

kneipen als ort, sich gemeinschaftlich – schweigend – zu langweilen: der grund, daß es kaum noch eine ohne musikberieselung gibt.

*

erkennen – verschlingen
in der ersten gemeinsamen nacht verschlingt sie sein gesicht mit den augen, betastet es.
– bald kennst du mich auswendig…
– nein, inwendig!

*

morgens um vier schreit die junge mutter ihr weinendes erstgeborenes an: willst du wohl aufhören, du bist wohl verrückt?!
wie viele lebensläufe mögen so begonnen haben…?

*

welcher mensch nutzt nicht seine macht, wenn der andere sich ganz auf ihn eingelassen, sich ihm ‹verschrieben› hat?

*

mit regelmäßigkeit bringe ich die, die mich zu lieben behaupten, zum weinen

*

unverhoffte sympathie-gesten von fremden, wenn ich in angst bin. was emaniert dieser zustand? bin ich den anderen dann ähnlicher?

*

logik der lesemüdigkeit der mehrheit: das tv ist primär noch immer ein sprachliches, kein visuelles medium. warhols prophezeiung erfüllt sich in rasantem tempo: bald wird jeder, der noch nicht vor einer fernsehkamera seine «meinung» gesagt hat, die ausnahme sein. schein-pluralismus...

*

der wunsch, bei einem nuklearkrieg mit mir die tödliche giftdosis teilen zu wollen, die ich seit jahren vorrätig habe: egoismus (nicht leiden wollen) oder wiederauferstandene romantische sehnsucht nach der unwiderruflichen ‹einheit› im liebestod? hier fürchte ich das aussprechen der spöttischen wahrheit...

*

«il suffit d'ouvrir un journal pour se rendre compte, que nous sommes condamnés et que nous ne nous en sortirons pas, à moins d'un miracle.» (mircea eliade)

*

«...und wenn du vor dieser öden regelmäßigkeit in die dunkle tiefe deines wesens fliehst, wo die unbeaufsichtigten bewegungen zu hause sind, in diese feuchte kreaturtiefe, die uns vor dem verdunsten am verstande schützt, was findest du? reize und reflexbahnen, einbahnung von gewohnheiten und ge-

schicklichkeiten, wiederholung, fixierung, einschleifung, serie, monotonie!» (robert musil, *der mann ohne eigenschaften*)
«begriff, das reglos gewordene getötete. überzeugung, die nicht mehr veränderliche, erkaltete beziehung. ... charakter gleich trägheit, sich zu wandeln. kenntnis eines menschen soviel wie nicht mehr von ihm bewegt werden. ... wahrheit der erfolgreiche versuch, sachlich und unmenschlich zu denken.» (ders.)

*

die urteile anderer über mich nur noch als offenbarungen ihrer selbst genießen.

*

vorteil des bevorstehenden analphabetismus: endlich wird es einen anhaltspunkt zur differenzierung geben, mag er auch so oberflächlich sein wie die längst das alltagsleben bestimmende (unter)scheidung zwischen rauchern und nichtrauchern.

*

ich *suche* ja nicht nach argumenten gegen das leben – «so, wie es ist» –, sondern *sie* suchen mich offenbar!

*

jean baudrillards apologie der verführung ein epiphänomen des «neuen sozialisationstypus», der das «zeitalter des narzißmus» eingeläutet hat? («neuer sozialisationstypus»: gefräßig, unfähig zum opfer, ich-besessen...)

*

‹neue subjektivität›: es gibt sie nicht, ausgenommen die sehnsucht nach subjektivität – sie ist die bestimmende figur der diskurse geworden. ebensowenig gibt es die befreite sexualität, nur ihre penetrante diskursivierung. das ummünzen in sprache all dessen, an dem es zutiefst *mangelt.*

*

informationsflut kann nicht mit wahrheit verwechselt werden, die nur dank ihrer singularität überzeugt oder überwältigt. die informationsflut, als erkenntnisse verkauft, inauguriert eben jenen pluralismus, der den begriff wahrheit unterminiert. eine art promiskuität der interpretationen, der redeweisen, der rhetoriken, der dialekte hat den sieg über die eine wahrheit davongetragen. eine hypertrophie der modelle der welt schafft diese langsam selbst ab und mit ihr wahrheit, wirklichkeit, das heißt den konsensus.

*

passe-partout-motto vor und nach 1900: «über den trümmern...»

*

l'empire des signes
sie beißt den geliebten – weniger aus leidenschaft, als um ihre spur zu hinterlassen... für die nächste, ihr bedeutend: «diesen mann mußt du mit mir teilen!»

*

je intimer die kontakte *und* je abstrakter sie sind, desto bösartiger die reaktionen.
als genügte mir nicht schon der hiesige alltagsfaschismus, der auf die geringste abweichung gereizt und irritiert reagiert. wie meine mit- und umwelt mich behandelt: wer hält diese kälte aus?

*

in den letzten tagen traktiert von l. (der, meist zwischen fünf und sechs uhr in der frühe demoralisiert anrufend, von mir alles erwartet, aber nichts dafür tut), terrorisiert von c. (deren anrufe mich in wahre albtraumwelten stürzen).

*

hitlers schatten
eine sechzigerin zu einem rentnerehepaar an der bushaltestelle:

– heute war bei uns auch etwas los. die x. ist wieder eingezogen, mit sack und pack. mutter und tochter heulten im hausflur... ich weiß nicht, warum, ich rede ja nicht mit diesen leuten.
– ah, die anhalterin! da haben wir ja wieder das vergnügen, sie zu sehen.
– die bekommt 700 mark rente, und ich habe fünfzehn jahre gearbeitet und bekomme nur 350 mark.
– was, das junge ding? in unserer zeit hätte man so was *verbrannt!*

*

14. 2. 83
die absolute identifizierung mit dem eigenen geschlecht in erotischen situationen: ich = mein geschlecht. das «unaussprechliche» bekommt so subjektstatus.

*

«... l'amour n'existe pas. il devrait pouvoir exister, mais il n'existe pas. les amants de l'époque romantique n'ont eu autre solution que de se suicider ensemble pour absolutiser un échange impossible. le sublime de l'amour est dans l'anticipation de sa propre mort. l'amour-passion ne trouve à s'accomplir que dans ce vertige antiérotique, antinaturel, qui n'est jamais une manière de vivre. rien de commun

avec notre mode de vie amoureux, rencontre idéale de deux désirs et de deux plaisirs.
on peut d'ailleurs se demander si cette forme d'amour banalisé et devenue forme de l'échange (affectif et sexuel) n'a pas été inventée pour échapper à la fatalité de l'autre.
produire de l'échange, et les signes de l'échange, c'est la seule façon d'échapper au destin et aux signes insensés. plus de philtre, plus de défi ...» (jean baudrillard, *les stratégies fatales*, 1983)
meines erachtens hat nur das ideal den namen gewechselt: an die stelle der fiktion der einheit, der fusion, der ewigkeit ist zunehmend die fiktion der kommunikation, des austausches getreten. aber sowohl die romantiker als auch die zeitgenossen haben ein untrügbares gefuhl fur die vergänglichkeit der leidenschaft ‹liebe›: die einen möchten das ende der leidenschaft im tod und durch den gemeinsamen tod überspringen, indem sie es beschleunigen – die anderen leben der lust, das heißt der devise «nutze den augenblick», bevor es zu spät ist. gestern wie heute wird die empirische wahrheit, daß nichts erotisches dauert, geflohen, denn die fiktion der liebe ist so unerträglich wie faszinierend.

*

baudrillards behauptung, die frauen lebten sozusagen in einklang mit ihrem körper, rechne ich zur viehlosofie... die empirie spricht dagegen: wäre dem so, warum dann ihr hartnäckiges korrigieren, maskieren, dekorieren des körpers? was wie selbstverliebtheit wirkt, hat seinen grund in einer tiefen unsicherheit – wenn nicht unzufriedenheit – in bezug auf das eigene geschlecht, den körper. eine frau lebt in dem bewußtsein, handelsware zu sein, und als solche muß sie konkurrenzfähig bleiben. ein nietzsche oder freud täuschten sich darin weniger als der franzose.

*

gibt baudrillard *(les stratégies fatales)* dem nietzscheschen *fatum,* der *chance* batailles, dem *désir* gilles deleuzes nicht bloß einen anderen namen? ist seine apologie der *séduction* nicht selbst ein epiphänomen des ‹zeitalters des narzißmus›? baudrillards buch räumt auf mit den residuen dessen, was bis heute unter progressiv oder revolutionär rangierte (psychologismus, soziologismus, marxismus, eskapismus, die fetische emanzipation, selbstbefreiung, subjektivismus, sex-revolte). wie nietzsche und der späte barthes (des *discours amoureux*) dekuvriert er sämtliche ‹kritische radikalität›, der er gerade deshalb selbst noch angehört, als

idealismus (freilich seine pragmatische, ökonomisierte form, so reduziert, blutleer und austauschbar wie die aktuellen idole oder ideologien).
davon abgesehen, werde ich nie die notwendigkeit eines ‹synthetischen schritts› – die ‹verführung› als ‹lösungsmittel› bei baudrillard – begreifen.
das weitgehende fehlen eines positivums macht für mich die stärke des geschriebenen von artaud, bataille, cioran aus. vielleicht gibt es das bei ihnen nicht, weil sie keine berufsphilosophen sind? (dagegen ein synkretist – euphemismus für schmarotzer – wie h.-p. dürr mit seiner wohlfeilen ‹anderen wirklichkeit› in der reserve: dieser armselige christlich-hegelische horizont, der eher reservat als perspektive ist...)

*

was auch immer du tust – du reflektierst nichts als dich selbst! es gibt keine zwangsläufigkeiten, reaktion, folgen, wirkungen: wer sich auf sie beruft, interpretiert oder rechtfertigt sich.

*

einzig die so banalen wie entwürdigenden todesarten verleihen dem suizid die noblesse – über das wie und wann verfügen können, sei es auch das erste und zugleich das letzte mal im leben. (diese demonstrierte souveränität ist es, die die weiterlebenden nie mit dem selbstmörder versöhnt: seine tat macht ihnen ihre servilität bewußt.)

*

weltbilder von der größe einer erbse bis zu der eines tennisballs. je älter und eitler der sie bergende kopf, um so weniger vermag man etwas gegen diese kompakten weltchen.

*

kritik/aufklärung: es gibt ... nicht mehr .../ es sollte ... geben!
skeptizismus/nihilismus: es hat ... nie gegeben und wird es nie geben!

*

das tiefste die haut (valéry): ‹epidermale› kommunikation als die tiefste zeitigt eben deshalb auch die tiefsten, nachhaltigsten verwundungen und die heftigsten affekte – sofern die oberfläche haut noch als die äußerste, allerletzte *grenze* des individuellen begriffen und respektiert wird.

*

theoriemüdigkeit, kleinliche furcht sowohl vor hypothesen als auch vor utopien oder gar prognosen – fußen doch alle drei auf dem ver-

trauen in die geschichte, auf ihre logik, ihre kontinuität etc.
einige wenige – die besten – denunzieren die geschichte als obsolete entität («sinngebung des sinnlosen»).
eine mehrheit – geschichtslos, atheologisch und ohne profil – identifiziert geschichte mit ihrer lebenszeit: den augenblick leben heißt die zur tugend erhobene not. der augenblick reflektiert nicht mehr als das, was der er-lebende investiert, also meistens: wüste, leere, nonsens.
der rest – traditionell, geschichtsbewußt, gläubig und daher selbstbewußt – macht weiter wie bisher, anscheinend weniger befallen vom großen ennui des zeitalters ohne zukunft. wen wundert's, daß in ihm professionelle schauspieler wie politiker, gurus, wahrsager und therapeuten hochkonjunktur haben?

*

viele werden mystische, übersinnliche oder drogen*erlebnisse* haben, aber keine erfahrungen.
erfahrung: erschütterung des subjekts; bewußtseinsveränderung; prinzip der nicht-rückkehr in den status vor der entscheidenden erfahrung. (erlebnis: sartres meskalin-experi-

ment, beschrieben in *la nausée*; erfahrung: artauds *reise ins land der tarahumaras.*)

*

carlos castaneda: religion für die schlechtweggekommenen, die droge herrenmensch castaneda als identifikationsmuster: die allen zugängliche andere wirklichkeit
«ihr (die materiell saturierten, aber sensibelsten, intelligentesten) leidet, wie einst ich, am *falschen* denken, fühlen, handeln. ihr seid krank, und euer blick ist kastriert, aber als elite liegt in euch die möglichkeit zur selbstbefreiung. eure skepsis in bezug auf die lehre ‹don juans› gehört selbst noch der zivilisationskrankheit an. der initiand auf dem wege zur heilung *fragt so nicht mehr ...*» soll auf diese weise die ICH-krankheit durch züchtung, reinforcement eines ÜBER-ICHs kuriert werden?

*

«erschüttert-sein, seelischer tiefschmerz, verwundet-sein aufgrund eines verlustes, einer trennung – das begeistert mich. aber wie gelangt man dahin?» (ein heutiger, in einem film)

*

argument gegen die versuche, den traum biophysisch oder -chemisch (oder gar soziologisch) zu rationalisieren: stets sind ganz bestimmte personen im spiel, die mit der individuellen geschichte des träumenden verwoben sind. nie liefern sich, wie die unerbittliche abstraktion es will, prinzipien, gesellschaftliche rollen oder ähnliche philosophisch-wissenschaftliche schemen einen kampf, sondern das alltägliche ich begegnet sich selbst – aber wie entblößt... in seiner banalität, größe, seiner hartnäckigen selbstbehauptung. mit jedem traum bricht die stunde der wahrheit für den träumer an. (stärker noch als im außersichsein der ekstase – die zu erfahren etwas unerreichbares bleiben kann – überwältigt der traum das ich – allen sicherungen, widerständen zum trotz. der befremdend bis abstoßende blick auf uns selbst, den der für kurze zeit aufgerissene nebel während des schlafs uns gewährt...)

*

abstinenz

meditieren, reflektieren, spekulieren, ‹philosophieren› ohne netz (system, aussicht, gewißheit, versprechen, synthese) kommt der geste von kindern gleich, die im dunklen keller pfeifen vor angst. strenggenommen pfeift hier die angst. (wo nichts affirmatives mehr beschworen noch gar akzeptiert werden kann, versagt die sprache – die vernunft, die stabilisierende, sicherheit verleihende rationalität – und weicht einer art elementaren verstellung. wie immer beim menschen, sind seine äußerungen von angst und lust eng benachbart: die heiterkeit pfeift ebensogut. die nächste stufe wäre der schrei. bleibt die ambivalenz: man lacht, weint, schreit... hier wie da: wer wollte unterscheiden, ob aus glück oder aus verzweiflung?)

*

während einer fernsehreportage über das leben malcolm lowrys läßt man einige akademiker zu wort kommen (kein thema mehr ohne die absicherung durch einen kompetenten experten!): es ist, als hätte man den schauplatz gewechselt – irrenhaus oder zookäfig, eine erlesene, aber delirierende spezies beherbergend.
schade, daß die biographierten nicht mehr intervenieren können. den bebrillten ‹experten› gegenüber sind selbst invektiven noch opportunistisch: ins gesicht kotzen, verprügeln... da ist einer innerlich verbrannt, und ihr macht dies daraus, so als ob er vergebens gelebt hätte.

*

schreie wider die kleinbürger, die mich umbringen

*

écrire pour vivre (pour ne pas mourir) ou vivre pour écrire?

*

mit jemandem korrespondieren heißt heute meist katastrophen vermessen

*

«... es gibt menschen, zu denen man verurteilt zu sein scheint. ein verhängnisvolles, unerklärliches, elastisches band hält einen beisammen; das band dehnt sich, aber reißt nie...» (strindberg)

*

untrügliches zeichen, daß ein solches band gerissen ist: nach langem schweigen spricht dich der andere an, oder du begegnest ihm, und dein körper bleibt ruhig wie bei einem beliebigen fremden. das feuer ist erloschen – sei es aus gleichgültigkeit, sei es aus verachtung.

*

scholastische frage: was tötet den menschen (mehr): lebensbedingungen, denen er sich weder anpassen noch unterwerfen kann, oder das bewußtsein seiner sterblichkeit?
sicher beides, macht doch das todesbewußtsein kompromisse gegenüber dem leben schwer.

«...le désir est toujours désir de mourir, non pas un souhait... désir qui meurt, désir de mourir, nous vivons cela ensemble, sans coïncidence dans l'obscurité du délai.» (blanchot, *l'écriture du désastre*)

*

ein bildender künstler, den ich vor jahren einmal zitiert habe, schickt mir seine gesammelten nichtigkeiten, um deren veröffentlichung zu unterstützen: reden ist silber, schweigen wäre in diesem falle für den autor gold gewesen...

*

nur ein geringes trennt ein völlig mit sinn erfülltes universum vom wahnsinn.
in der paranoia gibt es nichts zufälliges, willkürliches, unerklärliches mehr.
der wahnsinn als sinnwahn. der wahnsinn des sinns ist der sinn des wahnsinns.

*

strindbergs thema: die trennung (sekundär das verhältnis mann/frau). eine trennung, deren metamorphosen ein leben beherrschen.

*

der süchtige sucht, existiert als suchender. es kommt vor, daß er irrtümlich weiterhin sucht, was er längst gefunden hat (ein-süchtiger-sein): sein karma, sein glück. seine chance besteht im untergang, sein untergang ist die chance.

sollte das der notorische skeptiker sein?

*

c. wird vom alter, den ‹verwirklichungen› der realisten, der verbürgerlichten bedrängt und verfolgt – gefahr in der verwirklichung unseres traums: er wäre keiner mehr, sondern wahrscheinlich bedrückende wirklichkeit – trotz aller wonnen seiner ‹schöpfer›, aller glückseligkeitsmomente angesichts ihres geistig-körperlichen abbilds. – der ideologie des vollzugs und der tat (statt der träume) widerstehen!

*

unhaltbarkeit der *ipse*

sie schlägt mir indirekt eine konstellation vor, die den vergangenen haargenau gleicht: jeder umzug bedeutete den einzug in einen anderen menschen, mann (bzw. den einzug desjenigen in ihr)

dabei assimilierte sie sich dem anderen bis zu einem gewissen sättigungsgrad (ich ließ die jeweils aktuellen weltanschauungen über mich ergehen)

war die sättigung bis zum satthaben fortgeschritten für sie, wurde ich wieder aktuell – dieser kreislauf seit fünf jahren
mais ça ne va plus, it's over

*

seit zwei jahren massive – ‹metaphysische› – angst, schweißtriefende hände, daß nur noch tinte vom feuchten papier angenommen wurde...
vorübergehend das gefühl, daß die einstigen ketzereien – mangels rückkoppelung – als persönliche aggressionen zurückkehren. (daher auch größeres, weiteres verständnis für die passagere frömmigkeit des internierten artaud: ohne eine ‹positive magie› geht manchmal nichts mehr.)
extreme zweifel an mir selbst, zustände, die sich der mit-teilung absolut verweigern: niemand vermag sie zu teilen.

*

eingezwängt zwischen (selbst)auferlegten pflichten, vorhaben, ängsten, materiell-pragmatischen zwängen, und süchten: möglichkeiten – unmöglichkeiten
das *äquilibrium* (ohne exzeß, ohne sturz noch ‹ausbruch›) ist womöglich das mörderische!

*

hinter jeder scharfrichtermentalität verbirgt sich ein glühender moralismus, der ‹linke› wie auch religiöse fanatiker auszeichnet. radikalität dagegen (be)zweifelt ständig.

*

aus dem feuilleton der wochenschrift erfahre ich, daß sich der lektor und dichter michael krüger zum dichten ins grüne, nach ambach zurückzieht. außerdem, daß ein suhrkampautor, nach dem studium der philosophie und psychologie, einen literaturpreis errungen hat.
ich erwähne das, weil es mir exemplarisch scheint für den umgang mit literatur hierzulande. wie lange ist es her, daß ein *buch* eine debatte entfacht hat?
da polemisiert man in den redaktionen gegen den kulturellen niedergang, weiß aber selbst nichts anderes zu liefern als anekdoten, hofberichte und ausgebaute klappentexte.

*

‹marginalität› ist zum adelstitel der ‹elenden› verkommen: er bezeichnet sozialfälle statt genialer einzelner.

*

die panik vor dem ‹gläsernen›, verzifferten menschen kommt um jahrhunderte zu spät.

zur erinnerung: erst *nach* der französischen revolution wurden hausnummern obligatorisch.

*

«wenn doch die, welche in ängstlicher selbstbewahrung die unsichtbare erhabenheit des geistes hüten und ihre ohnmacht in pflichten höherer erkenntnis hüllen, wenn sie doch einmal den trank der apate, des dionysischen trugs, zu schlürfen die kraft besäßen, den trank der *schöpferischen todeslust;* sie würden fortan die hochmütige erbärmlichkeit eines lebens richten, das sich mühsam aus stunden und jahren auf einen kümmerlichen restgewinn zusammenzählt.» (ludwig klages, *von den symbolen des kreislaufs: der fluß,* 1903)
«täter ist der mensch, sofern er nicht wünscht, sondern tut; dichter, sofern er erwünschtes träumt. das werk erfüllt den wunsch, aber die tat gehört nicht mehr dem täter. ‹was er tut, das weiß kein täter.› *der wille ist sein, nicht aber die wirkung:* denn sie verfällt der unendlichkeit des geschehens.
der wille ist ein weg, kein wegesende. nur das werk ist ende und vollendung der welt, die tat ist der anfang des – niederganges.» (klages, *aus der werkstatt,* 1905)
ähnlich bataille, blanchot und cioran, diagno-

stiziert klages den primat des handelns als eine dem ICH spezifische krankheit

zum konformismus und individualismus:

«persönliches ‹heil› wird nur mit einem äquivalenten verlust an substanz und selb-ständigkeit, jede existenzbefestigung nur um den preis des verzichtes auf lebensfülle erkauft. (für das leben überhaupt erhandelt man folgerichtig das ‹ewige leben›, d. i. außerzeitlichkeit des existierens.) (...) die ‹individualität› trennt zwar vom all, aber nur individualitäten sind allfähig. [das gleiche gilt für die ‹innere erfahrung›.] die wachsende macht des gruppengeistes muß zuletzt das sonderbewußtsein entkräften und wird ihren abschluß finden mit der aufhebung jener zwischenerscheinung überhaupt, die wir denkendes bewußtsein nennen.» (ibid. 1911)

«der gemütsmensch lebt im anderen ich, ist ‹selbstlos› und darin pathisch, aber astralisiert; die gipfel seines wesens erreicht er durch aufopferung, entsagung, duldung. (...) da für den gemütsmenschen der schwerpunkt im *andern* liegt, so steht und fällt er selbst mit dem andern. hier erst wird die zeitliche *dauer* der liebe wesentlich...» (ibid. 1900)

vgl. sartre über st. genet: «... sein bewußtsein setzt das sein des anderen als wesentlich und hält sich selbst für unwesentlich: das ist die liebe.»

*

heute erreicht mich ihre einladung, die mich ehrt.
in einem ihrer zwei briefe heißt es: «auch ist es in unseren augen notwendig und dringend zu manifestieren, daß es uns intellektuelle und akademiker überhaupt gibt und daß wir vielleicht sogar zu etwas nütze sind.» worum geht es bei diesem kolloquium, das der macht, der literatur und der sprache gewidmet sein soll? selbstdarstellung des denkbordells namens universität und ihrer angestellten?
ist es nicht umgekehrt so, daß akademiker aller disziplinen überrepräsentiert sind, in beinahe jedem lebensbereich insgeheim das sagen haben? wo eine kritik der macht habilitierter spezialisten angebracht wäre – ein altes, aber nicht inaktuelles thema –, behaupten sie schlicht deren inexistenz und ohnmacht.
was mich angeht, so zähle ich mich weder zu den intellektuellen noch zum erlesenen kreis der akademiker, und nichts möchte ich weniger, als ‹zu etwas nütze› sein: wenn es mir gelingt, *schädlich* zu sein, dann genügt mir das.
ich denke, damit ist auch ihre frage nach dem verhältnis meiner literatur zum sozialen, zur

institution beantwortet: es beruht auf gegenseitiger feindseligkeit.
seit ich schreibe, habe ich es immer vorgezogen, in keinerlei öffentlichkeit persönlich in erscheinung zu treten. (was erwarten die leute von mir, was soll ich dort? mich erklären, mich rechtfertigen, mich selbst interpretieren, eine weltanschauung vertreten?) «die existenz der literatur verkörpern» à la schriftsteller zum anfassen? das ist nicht meine sache, und ich glaube, ich bin ein schlechter schriftstellerdarsteller... ich benötige ein minimum an distanz, die mir das buch gewährt, die die mehrzahl der zeitgenossen jedoch erfahrungsgemäß nicht einzuhalten gewillt ist. mir entspricht einzig der monolog und die diskrete, intime form der ‹anrede› durch das geschriebene. meine bücher sind tatsächlich die letzte, die äußerste art der intervention, die mir möglich ist. sie sind das einzige, das mich – nicht mit ‹der gesellschaft›, sondern mit einer minderheit eventuell verbindet. in der regel beruhen die sympathie-gesten, die ich empfange, auf einem irrtum; günstigstenfalls gibt es kommunikation: ihr bereich ist das jenseits der sprache, und es ist höchst unwahrscheinlich, daß sie sich in einem hörsaal ereignet.
wenn das ginge: «einige notwendige bewußtseinslagen zu gehör zu bringen» und nicht die

doxa, nicht die macht, was hieße, sein hirn vor aller augen zu erbrechen, ich wäre zu diesem opfer bereit... (brief vom 2. 11. 83 an charles grivel)
antwort auf die einladung zu einem kolloquium mit akademikern und schriftstellern. akademiker wollen sich wieder einmal selbst feiern, die anwesenheit der schreibenden als alibi.
grivel behauptet, meine einwände, mein nein zu verstehen, will sich aber damit durch einen rhetorischen trick auf eine stufe mit mir stellen. der kompromißler begreift kaum noch, daß einen anderen die eitelkeit nicht überredet, auf bedingungen einzugehen, geschweige denn begeistert zu sein.
was ich verlange: das recht, nichts zu bedeuten, scheint heute illegitim zu sein.

*

stille zwischen mitternacht und morgengrauen, die über die menschlichen schreie hinwegtäuscht.

*

«unsicherheit... ehrenzeichen der intelligenz»? (oswald wiener) der kritische, reflektierte geist oder der computer: jener steht vor einer paralysierenden vielzahl von antworten, urteilen, möglichkeiten usw.; dieser wird eines tages der inbegriff optimaler intelligenz sein. ein *verwirrter automat* käme dem urteils- und handlungsunfähigen intellektuellen gleich: da er keine möglichkeit auszuschließen vermag (wie der naive, der glaubende es tut), wird ihm letztlich alles unmöglich (beispiele: er verläßt das bett nicht mehr, läßt sich sterben...).

*

nur das zitieren, was man selbst nicht hätte besser sagen können.

*

friedrich hebbel, *tagebücher*:
«die menschheit ist wahrhaft *scheintot,* und nur die *schmerzen* in ihren edelsten gliedern bürgen für die möglichkeit eines erwachens.» (1837)
«niemand schreibt, der nicht seine selbstbiographie schriebe, und dann am besten, wenn er am wenigsten darum weiß." (1837)
«liebe und freundschaft der meisten menschen ist ein *füllen* ihrer eigenen leere mit fremdem inhalt.» (1840) also parasitismus, vampirismus, einseitigkeit...
«die liebe der meisten: *warmer* egoismus.» (1844)
«selbst-verachtung ist nur versteckte eitelkeit. denn, das sich verachtende muß notwendig

zugleich das sich achtende sein. vor mancher gefühls-analyse schaudere ich.» (1840)
«leben heißt parteiisch sein.» (1842)
«eigentlich ist nichts pedantischer, als in der gesellschaft geist zu zeigen.» (1843)
«der mensch ist weniger er selbst als der begriff von sich.» (1843)
«das ganze leben ist ein verunglückter versuch des individuums, form zu erlangen; man springt beständig von der einen in die andere hinein und findet jede zu eng oder zu weit, bis man des experimentierens müde wird und sich von der letzten ersticken oder auseinanderreißen läßt.» (1843)
«den schmerz wie einen mantel um mich schlagen.» (1843)
«der tod zeigt dem menschen, was er ist.» (1843)
«eitelkeit wird verziehen, nicht stolz. durch jene macht man sich abhängig von anderen, durch diesen erhebt man sich über sie.» (1847)
«‹ich habe dich gewonnen, womit muß ichs bezahlen; mit der angst, daß ich dich nun verlieren kann.›» (1847)
«das gehirn *kämmen*!» (1847)
«jeder charakter ist ein irrtum.» (1850)
«der mensch will brutto geliebt werden, nicht netto.» (1862) unbedingte liebe..., süßer wahn!

nichtigkeit der puren ‹mittel›:
«setze ein ding in den direktesten widerspruch mit seinem zweck: du zerstörst es, und wäre das ding eine armee.» (1863)

*

radikalität: ihre wurzel ist die unannehmbarkeit der welt.

*

meine wachsende innere grabesschwärze äußert sich humoresk. die üblichen paradoxe: der fröhliche skeptiker, der liebenswürdige misanthrop, der seelsorgerische zyniker, der andere von verzweiflungstaten abhält.

*

die kriegsdrohung frißt sich bis ins unterbewußtsein durch. da es nicht urteilt, verurteilt es einen zum erleben dessen, was das wachbewußtsein als belastend oder unerheblich selektiert.

*

er kommt und bringt wein mit. sie umarmt ihn in der küche. er begrüßt die ältere freundin, die mit ihr seit wenigen stunden ein gespräch führt.
er führt ein anderes thema ein, das er schließlich fast nur noch mit der besucherin diskutiert.

sie, inzwischen angetrunken, protestiert, daß man sie ausschließe, unterstellt ihnen «eitles intellektuelles geschwätz». kurz darauf geht die freundin, mühsam ihre gekränktheit verbergend. sie räsoniert vor ihm weiter, um dann in verzweifelte selbstanklagen auszubrechen: «ich bin nichtig, ich habe nichts erreicht...»
er hält sie vom geöffneten fenster fern, das schlimmste befürchtend.
er entkleidet sie, was sie leicht widerstrebend geschehen läßt, jetzt in englisch monologisierend: «you're thinking i'm doing it with everybody when i'm drunken... you're thinking too that i'm a whore... ah, you are doing it with x. each night...»
sie stellt ihre ambitionen als irrwege dar, sehnt sich nach einer kindlichen verschmelzung mit der natur. versinken... sie zweifelt, daß er sie bedingungslos – so, wie sie ist, ungehemmt bis stupide, offen bis zur brutalität – begehrt.
nach dem akt hilft er der nackten, taumelnden, trunkenen ins bett.
es schmerzt sie, daß er jetzt geht. er ist überzeugt, daß ihr rausch und das schlafmittel die katastrophe abwenden wird.
nach wochen erzählt er ihr von ihren geständnissen: sie bezeichnet sie als fiktionen seinerseits («fantast!»).

was er erlebt hatte, war das alkohol-delir in all seinen facetten. in ein und derselben zeitspanne hatten sie in zwei voneinander getrennten wirklichkeiten gelebt: sie in der eines cafés, sich von voyeuren bedroht fühlend; er in derjenigen des anscheinend vertrauten, das rissig geworden war.
auch sie kam in den genuß der gnade eines jeden echten delirs: die der vollkommenen amnesie.

*

die wunde, so bataille, erschließt die kommunikation. zwei verwundete jedoch, die einander näherkommen, finden nichts als eine art solidarität im wundsein, in der krankheit. geben sie sich nicht hin, lassen sie das ego nicht fahren, resultiert aus ihrer verbindung höchstens potenzierte – wechselseitig anerkannte – krankheit. solch narzißtische eigendynamik beharrt auf dem ausnahmestatus ihrer krankheit: es ist der ausgangspunkt der künftigen abgrenzungen und trennungen der beiden. projektionen, spiele der macht, gegenseitige verletzungen der neugebildeten panzer der abgrenzung, drohungen . . . ich führe das, was unvermeidlich folgt, nicht aus: zugunsten des sechsten oder siebenten glases wein, das die erinnerung dem vergessen, die erkenntnis dem traum, die analyse der zersetzung preisgibt. ort, zeit, name, begriff, urteil verlöschen im nächtlichen traum: einzig die emotion bleibt unangetastet, die dann der träumer, um sich ihrer zu entledigen, möglichst vernünftig interpretiert. –

*

indem klages gedanken zu abhandlungen aufbläht, verliert der gedanke. aus einem gedanken ein system machen wollen, verrät schon den machtwillen, wenn nicht schlichte eitelkeit.

*

es kann keine ‹nonaffirmative› musik geben.
den jungen ist die musik ihr leben – dasjenige, das jenseits der gesellschaftlichen zwänge möglich ist. nur intellektuelle arroganz stempelt ihre begeisterung zu passivem konsumverhalten. es sind exoten, extreme, schrille töne, die sie in ekstase versetzen, und nicht der gemäßigte tonfall der vernünftigen.
was könnte ein skeptiker oder ein abgrundtiefer pessimist anziehendes für sie haben? er hat länger gelebt als sie – man sieht die folge! –, er kann sich mehr bitterkeiten leisten, steht er doch dem grabe näher. die jungen desillusionieren ist, wenn nicht eine naivität, dann eine unausrottbare illusion der älteren. "don't follow leaders; lebe, interpretiere nicht; alles

menschliche ist vergänglich; vergiß ...» in solch simple maximen ließen sich die früchte reifer denker (nicht: berufsphilosophen) zusammenfassen. die jungen leben solche erkenntnisse eher instinktiv – jede generation zehrt, bewußt oder unbewußt, von den ‹errungenschaften› der vorhergehenden – und kümmern sich einen dreck darum, wenn das gewissen angesäuerten intellektuellen zu ‹hedonistisch›, zu ‹affirmativ› ist.

*

seit vielen jahren lange haare tragend, in den sechziger jahren kennzeichen antibürgerlichen protestes, lassen mich die kahlschnitte wie auch die korrekten frisuren, dieses ganze ‹zurück zu den fünfziger jahren› konformismus argwöhnen.
ein reflex, vergleichbar dem aggressiven der kleinbürger der sechziger jahre?

*

ordnung: koma, karma
chaos: amok, ekstase, leben } ein-ordnung

*

auf den begriff gebracht, umgebracht (abgelegt)

*

buchhändler, die, fragt man nach einem weniger gewöhnlichen titel, zuerst ihre kataloge konsultieren, so als wollten sie einen der täuschung überführen

*

subkulturelle artikulationen theoretisieren – welch intellektuelle gefräßigkeit der akademiker!
subversive formen werden heute weniger durch die macht bedroht als durch die vereinnahmende theorie. (die macht besitzt die bessere methode, radikalität zu depotenzieren: sie ignoriert die sache des terroristen, um sich ausschließlich seiner verbrecherischen ‹straftaten› anzunehmen; sie ignoriert die motive des sprayers und klagt ihn der sachbeschädigung an.)

*

«in den momenten, in denen ein partner dem anderen seine emanationen entzieht – vielleicht weil das sein wille ist, vielleicht weil er sie entziehen muß, weil sie sich nicht mehr produzieren lassen, weil die natürlichen voraussetzungen dafür fehlen –, sterben die partner sofort für einander. es ist ganz belanglos, ob sie ‹hinausgehen› oder zugleich in den tod.» (ernst fuhrmann) die unterscheidung zwischen physischer und geistiger oder affektiver treue ist etwas artifizielles: psyche und soma reagieren als ein ganzes. wer mir seine gefühle entzogen hat, der wird mir auch seinen körper entziehen; umgekehrt werde ich das schwinden seiner ‹aura› wahrnehmen – ein effekt der desillusionierung – etc. freilich sind das gesetze, die nur für selbstbesitzer gelten. –

*

maßlose eifersucht wird mir auch meine vergangenheit nicht verzeihen. zuletzt besteht das eigentliche hindernis darin, daß es mich überhaupt gibt!

*

8. 1. 81
die gäste des bistros bewunderten, was sie als ein schon unerreichbares zeichen der leidenschaft deuteten: die blauen flecke am körper der jungen frau, die sich an ihren mann und peiniger anschmiegte.

*

ist nicht der eigentliche gegenstand meiner ‹gedanken zum begriff radikalität› die ekstase, die trance, die wollust?

*

s. i. witkiewicz, *unersättlichkeit*, 1930:
«nur wahnsinn oder verbrechen kann diese wand der gewöhnlichkeit durchschlagen, manchmal schaffenskraft – oder nicht einmal sie.»
«doch was ist denn schon das leben, wenn man es nicht durchlebt auf der schneide, die in das unbekannte hineinstößt, auf dem gipfel zwischen wahnsinn und weisheit? alles eins!»
«wenn die quelle endgültiger erkenntnisse keine gute macht ist, sondern eine gleichgültige, warum soll dann die welt ein fortschritt sein und keine richtungslose oszillation; (...) unsere begrenztheit wird uns niemals gewißheit geben betreffs des zeichens *plus* oder *minus* vor der ganzheit des *seins*.»
«religion ist die tiefste wahrheit. und was alles abgeleitet wird von ihr, ist nicht glaube, sondern betrug an schwächeren seelen, die unfähig sind, ihrer eigenen metaphysischen leere ins auge zu schauen. das ist nicht mehr das. und manche wissen davon und vergiften sich bewußt durch verschlaffung des geistes, mangel an willen zur wahrheit und angst vor dem unsinn, den jegliche endgültige wahrheit entdeckt, wenn sie ihn nicht dicht mit grenzbegriffen verstellt.»
«der glaube an den sinn des lebens ist nur ein ausweg oberflächlicher menschen. mit dem

bewußtsein der irrationalität des daseins so zu leben, als wäre es rational – das ist noch respektabel. das liegt zwischen selbstmord und gedankenloser viehischkeit. alles, was tief ist, entstand nur aus endgültiger verzweiflung und hoffnungslosigkeit.»
«ich denke nicht daran, für irgendeine idee zugrunde zu gehen – das leben an sich ist ein ziel.»
«in allen sphären hatten sich die positiven werte individueller ‹kapricen› erschöpft – im wahn erfüllt sich das wahrhaftige leben; in der perversion, deren grenze das ursprüngliche chaos ist, realisiert sich das wirklichste schaffen in der kunst. die philosophie hat resigniert, sie wird nicht zu dem früheren glauben wiederkehren – dies ist das innere gesetz.»
«...ein statistisches büro als kriterium der *wahrheit* – so weit haben wir's erkrochen.»
«ha, könnte man doch sich selber ganz auskotzen, direkt ins nichts, dabei aber weiterhin existieren! was wäre das für eine lust!»

*

«das leben ist so zynisch, daß nur ein schwein sich darin wohl fühlen kann, und jeder, der das häßliche leben für schön ansieht, ist ein schwein!» (august strindberg, 1904)

*

strindberg suchte in der frau die welt und fand – die tragödie, die zerrissenheit statt des eins-seins.
der nährboden des fantastischen erotism: privation und einsamkeit (der gefangene sade, der alte strindberg des *okkulten tagebuchs*).

*

die «rationalistische entzauberung der welt» ist nach ludwig klages das traurige fazit der *arbeit* des menschlichen intellekts.
zur entwirklichung der welt kann man sich einerseits der ratio, andererseits des wahnsinns ‹bedienen›. aber beide wege verweisen darauf, daß der mensch die ‹wirkliche welt› tel quel nicht erträgt und sich ihr mehr oder weniger zu entledigen trachtet. beurteilt man beide wege nach dem zustand der ihnen ausgelieferten subjekte, so scheint die derealisierung leiden und verzweiflung eher zu *steigern:* «dilemma: entweder verblödet und zufrieden, oder wahnsinnig und unglücklich...» (ernst jünger)
hinter den vorwürfen «eskapismus» und «separatismus» steckt die pure unwissenheit um das wesen der ‹ekstase›, wenn nicht platter neid.

*

woher oswald wieners wunsch, statt ein mensch eine intelligente maschine zu sein? den sinn ins objekt (ins außen, in das fremde, heteronome) statt ins subjekt zu verlegen? den mangel im defizitär konstruierten menschen zu suchen statt in der welt? spricht denn die fundamentale adaptionsunfähigkeit des homo psychologicus, seine heterogenität, gegen seine existenz schlechthin? sollte er keine chancen haben, die grenzen seines wesens aus sich selbst heraus beständig zu erweitern? wiener scheint zu fragen, welchen sinn autonomie, ‹freiheit›, subjektivität, originelles denken u. a. m. eigentlich haben und ob die restlose adaptation dem gegenüber nicht einen vorteil birgt, den die humanwissenschaften aus voreingenommenheit nicht zu sehen vermögen beziehungsweise verurteilen als selbstaufgabe, freiwillige sklaverei. selbst wenn die wissenschaft eines tages die überlegenheit eines automaten über den homo sapiens beweisen sollte, wird die geisteswissenschaft nicht nachgeben, von der lebensnotwendigkeit der illusion überzeugt: stillschweigend mag sie längst erkannt und akzeptiert haben, daß die traditionellen attribute des menschlichen – wie identität, selbstbestimmung, kreativität – illusionen sind, aber sie wird sich hüten, das auszusprechen.

einer der letzten illusionen beraubt, würde das den menschen in eine krise ungekannten ausmaßes stürzen. die stunde der automaten wäre gekommen in einer kopflos gewordenen menschheit, der die grundlage, ihrem leben einen sinn zu verleihen, entzogen wäre.
der ausspruch «du wirst gelebt, dein leben ist ein plagiat» ist, psychologisch gesehen, verheerender als alle ideologiekritik, als die totsagung jeglicher transzendenz – selbst wenn er deren antithese darstellt: gott ist tot, der mensch ein vorprogrammiertes objekt – was aber dirigiert sein leben, was konditioniert ihn? die natur? informationen (lernen, imitieren)? die gewohnheit? eine summe von zufällen?
das allerhöchste sei nicht gott noch der mensch, noch die vorstellungen, die er sich machen kann über eine gesteigerte gestalt seiner selbst; das allerhöchste sei der den menschen simulierende automat, dessen mangelhafter prototyp der gegenwärtige mensch bloß darstelle.

*

s. i. witkiewicz, äußerlich eine art polnischer a. crowley («ein langweiler», so gombrowicz über seinen kollegen).
seine experimente an sich selbst antizipieren die surrealistischen und späteren. das motto

seiner kunst könnte lauten: gibt es identität? die frage scheint er sich negativ beantwortet zu haben in dem augenblick, da er beginnt, in auftragsarbeit portraits zu fertigen: «hurenarbeit» nannte er dieses äußerlich zynische verhältnis zur kunstübung. der zynismus liegt darin, daß witkiewicz die höhe des honorars sowie die bei der ausführung eingenommenen drogen, die im bild aufgeführt werden, über die ausführung des jeweiligen portraits entscheiden läßt. wer hätte den mythos von der kreativität radikaler in frage gestellt?

daß in ihm viele personen steckten, deuten allein seine fotografischen selbstportraits an, ganz abgesehen von seinen poly-graphischen talenten. dem entsprechend genügte ihm eine frau nicht, und er investierte seine ganzen kräfte, sich eine vielheit von liebesobjekten zu erhalten. (in seinen romanen dominiert die ruinöse leidenschaft, die meist ältere ‹femme fatale›.)

dandy? zyniker? dilettant? daß es mit einem philosophen des «katastrophismus» böse enden würde, war wohl schon zu beginn des experiments eine art gewißheit. es gibt experimente, bei denen der experimentator auf der strecke bleiben muß.

witkiewicz, hierin doch ein «slawisches gemüt», das wenig zum kalten dandyismus dis-

poniert, inszenierte einen romantischen liebestod: der mit wissenschaftlicher akribie vorbereitete doppelselbstmord gelang nur ihm, gleichsam betend.
sein *622 upadki bunga* (roman, 1910–1911) das pendant zum *mann ohne eigenschaften.* die protagonisten kommen mir bekannt vor: ‹brummell› (schwankend zwischen kunst und exakten wissenschaften): oswald wiener; der philosoph ‹tymbée›: gerd bergfleth; ‹bungo›: ich im verhältnis zu x.; ‹angélique›, die unheilvolle, schwarze muse: n.?

*

«spielen sie diese rolle schon lange?» zu jemand exzentrischem

*

l. zu mir: «bevor du dich umbringst, wirst du eher verrückt!»

*

es ist nur möglich, den von bataille gepriesenen erotischen untergang des ich als glücksfall und seltene ausnahme zu betrachten: er ist so selten wie die wahre ekstase, der wahre rausch, die sich letztlich dem rekapitulierenden bewußtsein entziehen.

*

zum symbolismus der skinheads: geschorene schädel hatten sklaven, verbrecher, das heißt parias.
lange haare waren das privileg der adligen, der freien, dann der befreiten (jakobiner).
die ganze differenz zu '68 in einer scheinbaren äußerlichkeit: dort rebellion der sich-befreienden, hier sklavenrevolte.

*

argument für moralisten: die mehrzahl der dandies endete durch suizid.

*

gründliche unlust, briefe zu schreiben, deren triebfeder nicht liebe ist: ohne dieses element keinerlei öffnung möglich...

*

allmählich kann ich die menschen, denen ich ihre existenz voller achtung abnehme, an einer hand abzählen. die lebenden ... versteht sich.
das heißt auch, daß ich freier von ballast bin von jetzt ab.

*

wäsche für eine woche, drei hosen und zwei paar schuhe: dies der bewegliche besitz des eremiten, nomaden, zölibatärs nietzsche in

den achtziger jahren. welcher student wollte heute mit der situation dieses prof. dr. phil. tauschen?
andererseits: die nach hundert jahren festzustellende verpöbelung der menschlichen austausche in allen kreisen hätte nietzsche wahrscheinlich heute *noch früher* irre werden lassen. (nur ein indiz sind die ‹beschleunigten› kommunikationsmittel: ein brief von deutschland nach italien benötigte damals einen tag, das telefon dagegen ...)
es war nicht megalomanie, die den späten nietzsche ergriffen hatte, sondern tiefste verzweiflung und höchste einsamkeit, die sich euphorisch-rauschhaft artikulierten.
bei aller ‹umwertung aller werte› kapituliert der kopf vor dem versagten wunsch nach persönlicher wertschätzung: ‹nietzsches zusammenbruch› dramatisiert seine divergenz zwischen intelligenz und gefühl (der nach anerkennung lechzte, behauptete ständig, solcher banalitäten nicht zu bedürfen). der wahnsinn überwältigt die innere selbstzensur, die selbstdisziplin, die stoisch-asketischen ideale: nietzsche vermag nun zu schreiben, daß er nichts geringeres als die weltherrschaft fordert. (der wahnsinn ‹löst› gewissermaßen einen anders nicht zu bewältigenden widerspruch.)
nietzsches letzte briefe zu ‹wahnsinnsepisteln›

erklären ist nur der billigste weg, sich einer ernsthaften auseinandersetzung mit ihnen zu entziehen.

*

oh all die tristen, verbitterten new-wave-masken!

*

dem *merkur* nach zu urteilen, heißt das trauma der deutschen intellektuellen ‹irrationalismus›. gleich ‹faschismus›, ist der begriff irrationalismus zu einem passepartoutwort verkommen, das nichts als eine phobie anzeigt, die ich ‹irrationalismus-komplex› zu taufen vorschlage. wie sicher ist sich die vernunft-an-der-macht, die ihrem gegenspieler mit exorzistischer vehemenz entgegentreten muß? zitternd diffamiert die vernunft das ihr inkommensurable als unsinn, irrsinn, abnormalität, perversion, kurz: als das böse, das es auszuschließen gilt. mit diesem ausschluß aber, und das ist mein einziges argument, *schließt man den menschen selber aus.*
die vernunft ist und war niemals ein wert an sich, ihr gebricht es an jeglicher souveränität, sie ist und bleibt pures mittel zum zweck. der mensch ist ein vernunftbegabtes tier, aber er ist weder auf die vernunft vereidigt, noch erschöpfen sich seine möglichkeiten und wün-

sche in ihr. wer das gegenteil behauptet, dessen ideal kann nur das arbeitslager sein.

*

wer sich heute nicht tötet, ohne einem glauben zu verfallen, dem gebührt das prädikat held.
ich schließe nicht aus, daß dieses heldentum alle merkmale des wahnsinns, der frivolität, des stoizismus oder des zynismus aufweisen kann. (die letzteren drei charakteristika bezeichnen allerdings eine abwertung des lebens hier und jetzt: nihilismus als lebenshaltung stellt einen kompromiß dar, den hinausgeschobenen selbstmord, weil auch nihilismus ein glaube ist.) wer unter durchschnittlichen verhältnissen in mitteleuropa zu leben gezwungen ist und auf werten insistiert, die keinen konsens haben, wird unweigerlich vor die genannte alternative gestellt.
die tricks – etwa mittels drogen oder ekstasetechniken –, der gesellschaftlichen haft zu entfliehen, sind nicht allein von begrenzter wirkung, sondern konvergieren mehr oder weniger in dem punkt, wo die entscheidung zwischen leben und tod gefällt werden muß.

*

ostern
alle lebenden haben jeden einzelnen selbst-

mörder auf dem gewissen: es gibt keine andere oder weniger unverträgliche antwort auf das konfuse fragen nach den ursachen.
vulgarität, indolenz, verpöbelung, egoismus wirkt auf rare einzelne unmittelbar tödlich: manchmal genügt der schlichte anblick satter sonntagsspaziergänger, um das nachempfinden zu können.

*

«anything goes» – «nichts ist wahr, alles ist erlaubt» ... maximen der promiskuität, die ermüdete frivole mitteleuropäer faszinieren müssen.
radikal leben läßt sich diese promiskuität freilich bloß in sekten, wobei die adepten nur von einem system in ein anderes überwechseln, um dann allmählich sich einer autoritären struktur zu beugen und dem geist der effektivität zu opfern: die konvertiten arbeiten wie jeder beliebige spießer, um ihrem individualismus frönen zu können.

*

artaud verliert niemals die politischen implikationen aus den augen, wenn er von okkultismus, magie und yoga spricht. auch kein «legalize it!» bei ihm, als hätte ihn die vision einer uneingeschränkt genießenden masse abge-

schreckt. die revolte von '68 torpediert durch die tolerierung von drogen (die ersten trips wurden von den chemiekonzernen an die sanften rebellen verschenkt)? wer nur permanent einen guten tag haben – das heißt fressen, vögeln, sich berauschen-will, dem steht der sinn nicht nach kampf.
artaud ‹lehrt›, daß es keinerlei praktik, keinerlei haltung im sein gibt – und sei sie noch so mystisch –, die nicht kompromittierte, die nicht einer politischen option entspräche.
ich rede vielleicht wie der letzte moralist, aber dichtung ist so herrlich mißzuverstehen, ‹auszubeuten›. in wirklichkeit *meint* das gros derer, die sich auf artaud berufen, von dem sie haben reden hören, eher wilhelm reich oder leary – die eigentlichen heils-ideologen dieser jahre. es bedürfte einiger sophistischer schulung und rhetorischer finesse, zwischen dem denken der drei ‹gemeinsamkeiten› zu sehen.
der grundirrtum besteht darin, der dichtung das versprechen auf rettung zu unterstellen.

*

mein unendlich hinausgezögerter abschied von k.

*

die gemeinschaft derer, die nichts gemeinsam haben – ausgenommen die promiskuität,

den notorischen parasitismus, die erzwungene gleichheit.
immer wenn ich den anderen distanz auferlege – signalisierend «ihr seid nicht meinesgleichen» –, ernte ich regelmäßig aggressivitäten. letztlich geht es darum, ein bestimmtes niveau nicht zu verlassen – andernfalls rächt sich die meute.

*

der mensch ist der lebendige widerspruch der ideale, die er sich setzt, der werte, die er im innersten am meisten schätzt. es hat den anschein, daß er sich zu allen zeiten als zu klein empfand, als etwas, das überwunden werden müsse.

*

was gemeinhin als erwachsenwerden bezeichnet wird, ist nichts anderes als die unaufhaltsame korruption durch und anpassung an die normen der horde.

*

«wo man bücher leicht versteht, ist nichts zu lesen. da sind die menschen ganz unwahr.
die sehr hübschen, friedlichen durchschnittsbücher sind gedanklich alle verbrechen.» (ernst fuhrmann)
fuhrmanns diktion erinnert an die von klages

und ernst jünger, freilich ohne deren strenge und klarheit zu erreichen; themen und tendenzen seiner schriften gleichen gelegentlich batailles *documents*-texten – abgesehen von einer versöhnlichkeit, die der junge bataille nicht kannte.

*

georges batailles erste tochter mit sylvia, eine psychoanalytikerin, idealisiert in ihrer brieflichen kurzvita offensichtlich die liebe ihres vaters zu ihr, wohingegen ich die innere überzeugung habe, daß georges über seine töchter nicht allzu glücklich war, eben weil es sich um töchter handelte.
ihre frage «was verbindet mein leben mit dem meines vaters» verrät diese kluft zwischen wunsch und wirklichkeit.
(die schuldgefühle der jugendlichen dem lungenkranken gegenüber übersetzen womöglich die ambivalenten gefühle angesichts der trennung georges' von ihrer mutter.)

*

redlichkeit könnte richtiger aversion gegen die phrase, die superlative und ‹systeme› heißen.

*

«undogmatisch» kann als synonym von «liberal» gelten: es meint promiskuität mit einer spezifischen tendenz.

*

sämtliche versuche, die ursachen des wahns in äußeren faktoren zu suchen, sind völlig unzulänglich. jeder einzelne ‹fall› widerlegt für sich die statistik – anscheinend der letzte garant von objektivität. (der vorteil der ziffern liegt darin, daß sich mit ihrer hilfe beliebige glaubensartikel modellieren lassen, der dualismus scheint überwunden.)
von den namen nerval, van gogh, baudelaire, artaud, strindberg, nietzsche, hemingway, w. reich, pound... bezeichnet jeder ein universum für sich.

*

was in einer biographie oder autobiographie am ehesten verblaßt, sind die sogenannten historischen ereignisse. eine person, eine epoche gewinnt durch das scheinbar belanglose, nebensächliche kontur. so rahel varnhagen, wenn sie beschreibt, daß sie sich in ihrer melancholie ans wasser setzt und sich ein kleid näht. – oder die sympathische eitelkeit in der selbstkritik, dem gott goethe ausgerechnet in unangemessener kleidung und mit einem «roten» auge begegnet zu sein...

was, wenn jeder zuerst die ‹niedrigste› anekdote aus einem menschenleben erinnerte? nietzsche und seine tasse kakao im morgengrauen, georges bataille, der des nachts eine speisekammer plündert... diese auswahl der anekdoten ist so willkürlich wie tendenziös, gleichsam als wäre der körper und seine bedürfnisse der große verräter, das letzte kriterium der möglichen wahrheiten über einen menschen. – aber die idee ist verführerisch, beispielsweise aus der neigung zum milchtrinken und dem geschmack an süßigkeiten auf einen asketischen charakter zu schließen, während frauen, die milch verabscheuen..., etc.

*

das menschliche gesicht ist nur zusätzlich ein altersbarometer: weder nur eindruck (fleischgewordene geschichte) noch purer ausdruck (repräsentant von etwas, maske), ist es das sichtbare äquivalent der geistigkeit, emotionalität des subjekts: psychogramm – was manche portraitmaler begriffen haben. (will sagen: wirkliche subjekte modeln sich ihr gesicht und folglich ihr ‹alter› selbst.)

*

wer eine frau liebt, muß damit rechnen, daß sein größter konkurrent ihr vater sein wird. (alte freudsche weisheit)

*

«toute écriture qui ne crucifie pas efface.» (agnès rouzier, 1974)

*

an jemanden, der beständig höflich-verbindlich lächelt, die frage richten, ob er es denn so schwer habe.

*

wenn es wenigstens ein bewußtsein dafür gäbe, was mit aller ‹emanzipation› – die ja nicht einfach mit feminismus identisch ist – an menschlichen werten auf der strecke blieb... befreiung als einseitige entleerung, verflachung, vereinfachung, falsche ‹vernatürlichung›, falsche ‹authentizität›, die jegliches sich-gehenlassen rechtfertigen.
nach der ersatzlosen streichung sämtlicher konventionen und ‹rollen› verkehren die emanzipierten so indolent miteinander wie etwa eingeschworene nudisten. über allem schwebt drohend der imperativ «sei spontan!» das promiskuitive «du» suggeriert eine unbegrenzte solidarität, die nichts anderes als aufhebung der grenzen, nivellierung der differenzen beabsichtigt: wo jeder gleichviel oder -wenig gilt, grassiert die apathische gleichgültigkeit.

der opportunist amalgamiert alles, was der stabilisierung seines ego nützlich sein kann: hochkonjunktur der soteriologien.
was dem einen die BILD-zeitung, ist dem anderen die traumzeit oder die kunst des liebens.
die innerlichkeit führt entweder zum bhagwan oder zur friedensbewegung, oder beides zugleich.
angesichts der parasiten, die sich vom markt der schlußverkaufsideen nähren, verpufft jeder dichterische zorn als bühnenpose... geistige promiskuität assimiliert, integriert alles.
ein reversibler prozeß, wo doch schon die industrie eingespielt ist auf die bedürfnisse solcher ‹emanzipierten›? wohin mit dem schrott der turnschuhe, fahrräder, jeans, strumpfhosen, plastikkleidung?

*

«sie ahnen nicht, wie viele menschen daran zugrunde gehen, daß sie es fertig bringen zu leben!» (robert musil, *die schwärmer,* 1921) das heißt oft bloß, den schein der normalität aufrechtzuerhalten...

*

rahel varnhagen:
«sie sind mir alle zu arm...»

«es giebt kein glück: es giebt nur sieg, und plaisir.» (1799)
«so aber bin ich ja wie unter eine horde wilder thiere gestoßen, die alle nichts sind, als fressender, verzehrender, personifizirter mangel.» (1809)
«im leben, welches die götter geben, ist schreiben nicht nöthig: im anderm hilft's nichts!» (1809)
«ärgerlich die verehrung der geister, die abstrakt sich großes zu denken vermögen, und zaghaft armselig in wirklicher entfaltung des reellen lebens dastehen!» (1809)
«... mir kommt immer vor, als sagten alle philosophen dasselbe; wenn sie nicht seicht sind. sie machen sich andere terminologieen, die man ehrlich, gleich annehmen kann; und den unterschied find' ich nur darin, daß sich ein jeder bei einem anderen nichtwissen beruhigt.» (1812)
«wir machen keine neuen erfahrungen. aber es sind immer neue menschen, die alte erfahrungen machen.» (15. 7. 1821)

*

liberale systeme haben keine zensur nötig die selektion ‹kultureller güter› findet dort an den ladenkassen statt, und diese ist viel rigoro-

ser als jede erdenkliche politische es sein könnte.
folglich wäre radikalität etwas, das nur eine minderheit angeht – affiziert.

*

identität (‹ich-heit›) eine summe von verhaltensvariablen, die um ein – meist unbekanntes, nicht bewußtes – zentrum kreisen.
jeder vertraute modelt wiederum sein verhalten gemäß seiner hypothese über das, was mein zentrum sei. das wären die grenzen der berechenbarkeit eines ‹charakters›.
(versuche ich, um unkenntlich zu bleiben, die hypothese, das bild, das sich ein zweiter von mir macht, vorwegzunehmen, einzubauen in mein verhaltenskalkül... ende ich bei der maske, beim spielen von nicht-identischen rollen – ganz gleich, ob ich mich entscheide, den erwartungen des anderen zu entsprechen oder nicht. aus der verpflichtung zur identität gibt es keinen anderen ausweg: der schrei, das simulakrum, das sich-spielen, die verstellung.)

*

die literatur, die kommentiert und gelesen wird, befindet sich weit unterhalb des von flaubert erreichten und läßt nicht das gering-

ste von einer ‹revolution der poetischen sprache› erahnen.
zeitgenössische literatur, die sich verkauft, ist ein einziges plagiat.
konventionelle form bei ‹aktuellen› themen (‹problemen›) und brandneuem jargon ist die geringste konzession an den potentiellen leser.
als hätte es mallarmé, joyce, céline, artaud ... nie gegeben! eine derartige ‹schöne literatur› ist rein artifiziell das heißt anachronistisch, konzessiv, opportunistisch.

*

handverlesene enttäuschungen: meine ‹freunde›

*

geständnis: ich hasse nichts so sehr wie den anblick essender menschen: freilich nicht, weil sie das animalische evozieren, denn jedes tier frißt ‹ästhetischer›. vielleicht, weil ich auf die erotik des essers schließe.
häufiger kontrast: feinsinnige intellektuelle, die wie schweine essen.

*

meine *gespräche mit k.* (1974): ich sollte alles geschriebene jahre später einmal erleben.
der analytiker zu meinem vorzeitigen abschied

von der – offenen – klinik: «das war wohl kein zauberberg für sie?»
(nein. was ich gesehen hatte, waren psychopharmaka-opfer und therapiegeschädigte. ich nahm mich eines der opfer voller sympathie an, und in der vorahnung einer unglücklichen liaison beschloß ich, das mir angewiesene selbstmörderzimmer für immer zu verlassen.)

*

sie begleitete ihn zu ihrer konkurrentin (einer geliebten vor ihrer zeit). während des abends wurde es offensichtlich, daß sie rivalinnen waren, so daß sie sich gegen *ihn* verbanden: sich umarmend, trösteten sie sich abwechselnd.

*

wiederkäuen, perspektivieren von erlebnissen, wie jemand, der sagen will, es gibt kein gesetz, keinen kleinsten ‹gemeinsamen nenner› – aus all dem läßt sich keine regel ableiten ... aber als ob er dennoch beharrlich an ihre möglichkeit glaubte.
es ist vergleichbar der faszination, die horoskope und ähnlich dubioses auszuüben vermögen – nicht allein auf schlichte gemüter oder adepten des übernatürlichen, sondern gerade auf die ernüchtertsten, desillusionier-

testen, jene, die kurz vor der kapitulation stehen.

*

die grenzen zwischen rückhaltloser offenheit und provokation sind fließend: eine frage des standpunktes, wie alles.
ich denke an den fall jener weiblein, die nicht müde werden, von ihren ehemaligen – realen oder imaginären – oder künftigen, möglichen liebhabern zu erzählen, kein detail – das geschlechtsteil vor allem nicht – auslassend.
(nur ein theoretischer mensch zieht sich emotional aus der affäre, indem er annimmt, das geschähe entweder unbewußt oder beide intentionen seien im spiel, nämlich offenheit und wille zu verletzen.) bei jeder erotischen konstellation versucht der eine dem anderen seine bedingungen aufzuzwingen. zumindest bemüht man sich, die voraussetzungen für ganz spezifische wünsche zu schaffen: das zu spielende stück ist von anfang an festgelegt, die rollen sind verteilt, nur der jeweilige text und die mitakteure bilden die variablen in diesem spiel. sein ausgang aber ist festgelegt – es sei denn, einer der akteure fällt aus der rolle und spielt nicht mehr mit.
geschichte des subjekts und/oder kulturell-gesellschaftliche normen: wer ist der autor dieses fatalen vergrabenen szenariums, das über

‹glück› und ‹unglück› eines jeden einzelnen entscheidet?

*

entscheiden, scheitern ... letzteres rät gern zur destruktion, zur abschaffung, zur beschleunigung der katastrophe
nicht mehr werten noch länger denken, sondern ausschließlich handeln
die bibliotheken in brand stecken, die kopfarbeiter liquidieren oder ‹umerziehen›, zum schweigen bringen
wenn alles erlaubt ist, wird nichts mehr möglich? bleibt die andere wesentliche frage:
wer hat den begriff wahrheit in die welt gebracht

*

sades schriften und das problem des ‹glücks› im verbrechen:
der permanente exzeß verliert das transgressive, wird seinerseits zur norm. sade verhütet das durch einführung artifizieller regeln, die ein gleichgewicht zwischen askese und wollust sichern.
«keine wollust ohne verbot» könnte die königsregel der triebökonomie lauten.
der körper immunisiert sich gegen ständig zugeführte starke reize: solche gewöhnung ver-

langt stärkere dosen oder gesteigerte frequenz der sensationen.

*

«pan, die wahrhaft großen leidenschaften stehen auf dem papier, über dem man nachgedacht hat ...» (robert musil)

*

der wahnsinn könnte der ‹ausweg› sein, der aus der alternative ‹freiheit oder tod› herausführt

*

«qu'est-ce que c'est que l'homme, tant qu'il n'a pas la clef de sa prison?» (saint-martin, *œuvres posthumes,* 1807)

*

da die liegende stellung des körpers die sinnlichkeit wecke, beschließt artaud (1945), im sitzen zu schlafen. (jedenfalls stirbt er in dieser haltung.)
seine notizen seit der zeit des wahnsinns: ohne kommentar der herausgeberin blieben sie völlig hermetisch für jeden leser, aber selbst mit diesen rationalen erklärungen oder verständnishilfen versehen, bleibt diese artaudsche welt uns verschlossen – für immer, scheint es. der exemplarische fall, wo veröffentlichen nicht im entferntesten mit enthüllen, offenba-

ren identisch ist. – *cahiers de rodez:* private mythen, zu welchen der universalschlüssel fehlt.
welcher unterschied besteht etwa zu denjenigen martina küglers? so viele bücher (codes) wie individuen – solche, die diesen namen verdienen, da ihre lebensgeschichte maßloses, unzugängliches leiden ist, da sie den mut zu gegenwelten haben...

*

in den *cahiers de rodez* (1945–46) entwirft, begreift sich artaud als androgyner mensch: modelliert sich hier seine physiognomie nach dem wunsch, oder der wunsch die physis?

*

«die wahren dinge des lebens geschehen nur auf der bühne und in den büchern, nicht im leben.» (antonin artaud, 1946)
treffliche revision des ehemaligen authentizitätsanspruchs der kunstübung. im leben findet sich leidenschaftliches meist bloß in homöopathischer dosierung.

*

der notorische parasit hält es nicht vier wochen ohne einen anderen menschen aus. er lebt, in jeder beziehung, auf kosten anderer.

*

ein pärchen der new-wave-generation: sie sitzen stumm und blicklos in einem musikbunker mit einer video-installation, die die gäste auf dem bildschirm zeigt.
irgendwann fordert sie ihn auf: «wollen wir ein bißchen fernsehen?» um sich vor einen monitor zu placieren. so als seien die besucher dieser disco auf der mattscheibe faszinierender als ‹live›, in greifbarer nähe und ohne optik und glas dazwischen. –

*

reichsein: freiheit zum zynismus, zur frivolität und amoralität (daher die redewendung «sich etwas leisten können»). ein grad von autonomie, der sonst nur todgeweihten, sterbenden, todeskandidaten *zufällt.*

*

«furcht ist kleingemahlener haß, der nicht nachgeben will, haß hat niemals furcht.» (artaud, 1946)

*

warum gehen attraktive männer – die es nicht nötig hätten – dennoch zu freudenmädchen?
unter anderem deshalb, weil die – meist – keine strumpfhosen tragen!

*

batailles philosophie (?) des scheiterns, die weder schulphilosophen noch theologen, noch gar marxisten aushalten – die selbst ein adept wie bergfleth so nicht erträgt.
die dominierende figur bei bataille: die angst oder die kommunikation.
mit zunehmendem alter resorbiert er sinn, gibt sich den räuschen der bewußtslosigkeit – die vernunft momentan besiegt, die reflexion suspendiert – hin, um in dieser selbstvergessenheit schließlich zu sterben – wie zufällig und ohne wieder zu bewußtsein zu gelangen. er läßt sich sterben, wenn auch voller unrealisierbarer pläne.
bei *artaud* die (gehaßte) krankheit, die aggressivität, dann die paranoia als determinanten. artaud multipliziert mit wachsendem alter sinn, wiederholt sein ‹privates programm› (privatmythen) bis zum exzeß. er ist ständig bewußtsein, luzidität, überwachheit, wo bataille dazu neigt, halb resignativ eine abwinkende geste zu machen und im süßen rausch – einzuschlafen: «was es zu verhandeln gibt auf dieser erde, ist so wenig . . .»
artaud stirbt in der überfülle der graphomanie, bataille in der wüste eines mehr und mehr versagenden gedächtnisses und eines von krankheiten unterminierten körpers. wo ba-

taille für das vergessen optiert, praktiziert artaud ein unermüdliches, besessenes *wiederer-finden* und -erinnern von dingen, ereignissen, bedeutungen, die zu erinnern und zu artikulieren seines erachtens bisher niemand willens oder fähig war. daher seine hartnäckigkeit, den skandal zu evozieren, der ‹die geschichte des armen antonin artaud› heißt.
während bataille sich redlich bemüht, disparaten menschlichen phänomenen etwas sakrales zu unterlegen, ohne die vergeblichkeit seines ansinnens zu übersehen, rast artaud auf dem todesfeld aller noch möglichen oder erdenklichen werte, die wörter – wenn nicht umbringend – zur weißglut treibend, ohne die sie nicht sein könnten...
kurz gesagt: dem moralisten artaud geht der atem nicht aus, während der atheologe ungewollt ins schweigen versinkt.

*

ohne ‹haltungen› wie negativität oder widerstand wird radikalität ununterscheidbar vom zynischen opportunismus.
(walter serners extrem wandlungs- und anpassungsfähiger mann ohne eigenschaften würde, hielte er das programm der scheinidentitäten durch, mit der zeit paranoide eigenschaften aufweisen.)

*

alle jahre tritt jemand auf, das ende der kunst auszurufen. ebenso regelmäßig gibt es dann künstler, deren kunst keinen anderen zweck verfolgt, als gerade dieses ende ‹auszudrücken› – in kritischer absicht, versteht sich. aus der klemme der intellektuellen metakunst führt offensichtlich nur die regression, die wiederentdeckung des primitivismus, der ‹spontaneität› oder naivität, die reminiszenzen oder das epigonentum heraus: jeden dieser rückschritte versieht der kunstmarkt mit dem prädikat «neu» – nicht anders wird das bei konsumgütern gehandhabt. wen die jeweilige ‹neue welle› nicht trägt, gilt als antiquiert und muß damit rechnen, in ihr unterzugehen. es sei denn, jemand konstatierte das ende jener ‹neuen welle› etc. bei solchem marketing wirkt die evozierung der beziehung zwischen *kunst und tod* wie ein schlechter witz, bestenfalls wie eine werbewirksame koketterie, wo *kunst und prostitution* angemessener wäre als zeitgenössisches motto, seitdem nur noch produziert wird, «was gefällt». –

*

wehe dir, wenn man dich parodieren kann! (denn dann bist du ein ICH geworden, das heißt jemand austauschbares.)

*

die formulierung, daß jemand einen großen geist weiterdenke, ist oft nur die euphemistische form dafür, daß er ihm nach-denkt, und der eitle wie anmaßende versuch, sich den ‹großen geist› untertan zu machen.

*

eine unverschämte grenzüberschreitung, wenn jemand fremdes mir zu verstehen gibt, er kennte bestimmte meiner verhaltensweisen bereits.

*

seit jahren höre ich kaum noch musik. vielleicht ein symptom zunehmender asozialisierung, aber kein ‹problem›

*

m. diffamiert marxismus und psychoanalyse als pure massenideologien bzw. -religionen. sollte man nicht differenzieren zwischen menschenkenntnis und selbsterkenntnis – lange vor freud das gebiet der dichter und philosophen – und einer therapeutik namens psychoanalyse, die sich nicht anmaßt, den menschen als solchen zu beschreiben oder zu ergründen, sondern ein spezifisches ‹mittel zum zweck› ist – eine funktion, die im altertum etwa von der

tragödie, von priestern, wahrsagern etc. erfüllt wurde.
der psychologiefeindliche marxismus freilich gibt sich als ideologisches instrument zu erkennen, da er einen reduzierten – idealen – menschen beschreibt, dessen geschichte ausschließlich vom haben oder nicht-haben determiniert ist.
es gibt nur zwei gleichmachende ideologien der masse: kommunismus und faschismus. lediglich die verkleidungen, unter denen sie auftreten – religiöse, libertäre, orgiastische, bündelnde, konsumistische –, gewähren ihren fortbestand.
die gefahr liegt im streben nach einheit.

*

die man lebendig – zu ihren lebzeiten – ausschließt, weil sie sich durch ein verändertes, radikales bewußtsein ausgeschlossen haben aus der horde, deren bevorzugter gegenstand ist der mensch, sind die anderen (die namenslisten des konfinierten artaud, die figurativen zeichnungen der hill, josephson, martina kügler...). wenn maschinen in sogenannter ‹psychopathologischer› kunst dominieren, so drückt das nur aus, wie weit der anthropos sich den maschinen schon adaptiert hat.

*

journal-liebhaber, solche, die tagebücher, briefe oder memoiren eines autors dessen ‹werken› vorziehen, sind meist nur wählerisch in puncto fiktion: allein naive suchen in solchen aufzeichnungen das ‹authentische leben›, so wie es ist.

*

nicht selten er-lebe ich geträumtes, und sei es nach jahren. aus dem sonderfall läßt sich nichts allgemeines ableiten: der traum hatte mir lediglich aspekte über das wesen bestimmter menschen enthüllt, das sich dann manifestierte am ‹lebenden modell›.
solche menschen sind deswegen nicht unbedingt ergründet, sondern einfach berechenbar geworden...

*

ein wirklich vom meinen unabhängiger mensch hätte es auch nicht nötig, mit seinen amourösen errungenschaften zu glänzen

*

«...jeder stirbt an seinem charakter.» (rahel varnhagen)
«bei gelegenheit der tieck'schen novelle gegen die heuchler: h. vernunft ist doch nicht despotisch!

r. ‹allerdings. der einzige wahrhafte despot!› und mir fiel nachher ein: daß sie auch der größte sklave ist; sie kann nur verneinen und bejahen.» (dies. am 26. 12. 1822)

*

all die – emanzipierten – menschen *ohne geheimnis*!

*

manch einer erwartet von mir im rahmen der *thanatographie* einen exkurs über batailles sprache. als bestünde nicht jedes schreiben über einen denker, dichter oder philosophen in der entfaltung von ihm eigentümlichen begriffen, neologismen, obsessionellen metaphern! als sei, mit anderen worten, nicht alles philosophieren der moderne sprachkritik, und nicht die ausarbeitung von ‹botschaften› oder weltanschauungen.

*

«reich ist nur der friedhof» (s. satta, *der tag des gerichts,* 1979)

*

auf's papier geworfene schreie
vertraulichkeiten
wunsch- und schreckensträume
– es gibt nichts, das nicht banalisiert,
zu einem mickrigen witz

zusammengefaßt werden könnte
von der frivolität
die nährt ihr geistloses nichts
von allem – und nichts
eine art selbstverachtung, die sich verächtlich gibt
NADA, sage ich mir da,
nicht mit mir

*

e. m. cioran, *dasein als versuchung*, 1956: «einzig solche geister können uns verlocken, die sich selbst zerstört haben, um ihrem leben einen sinn zu geben.»
«wir bestehen, solange unsere fiktionen bestehen. wenn wir sie durchlöchern, verflüchtigt sich unser ganzes lügenkapital, unsere religiöse grundlage. existieren kommt einem glaubensakt gleich, einem protest gegen die wahrheit, einem endlosen gebet ...»

*

einen menschen verstehen bedeutet zunächst, die ihm eigenen unsichtbaren ketten zu sehen, um sie in einem nächsten schritt – der freundschaft oder liebe begründet – zu akzeptieren.
als manko oder als überflüssig erscheinen uns immer nur die ketten der anderen.

*

was mich angesichts von freilebenden tieren beschämt: daß *sie* vor uns fliehen.

*

ein theater-regisseur, im gespräch mit jean genet, über die späte raf: «das war mir zu wirklich ...»
intellektuelle sind menschen, die die revolte auf der bühne begrüßen, aber verurteilen, fliehen, wenn sie realität wird.

*

pferde, aus ihrem weideplatz ausgebrochen, trabten über den asphalt, um sich bald – vor den hochhaustürmen – dem kurzgeschorenen rasen zuzuwenden.
dieser ‹einbruch der natur› machte abermals unsere kultur lächerlich, besser gesagt: er demonstrierte, was wir um der ordnung willen entbehren – und sei es nur die bloße präsenz von pferden inmitten einer neubausiedlung, die in der regel ausschließlich von maschinen und fahrzeugen ‹belebt› wird.

*

‹klassiker der avantgarde›
als ich von panzern las, die ab einem bestimmten zeitpunkt in den aktionen/festen hermann

nitschs eine rolle spielen sollten, entzauberte sich mir das ‹o. m.-theater›: ist doch der panzer und die maschine die inkarnation der materialschlacht, symbolon des um des reinen gewinns wegen geführten krieges. nitsch hat heute seine träume weitgehend verwirklicht – unter einbeziehung einer zahlungskräftigen adeptenschar.

es scheint, als habe das kalkül über die idee – gesamtkunstwerk – triumphiert. als wäre kontinuität – *eine* fixe idee – heute schon eine auszeichnung: über zwanzig jahre orgien-mysterientheater... als genügte ein selbstbewußter eklektizismus (nietzsche, klages, schuler, artaud, bataille, schwarzkogler heißen einige vorläufer nitschs), um in den genuß der anerkennung der internationalen snobs zu kommen.

der hang einstiger rebellen, sich im ‹alter› zu klassikern zu stilisieren, die manie, genealogien abzuspulen, sich mit berühmten toten zu schmücken. diese sucht des kleinen talents, sich einen internationalen ruf zu erwerben, etwas zu gelten, geld zu haben..., in den ‹genuß der früchte der arbeit› zu kommen.

jener expansionismus, der drang nach allgegenwärtigkeit (= unsterblichkeit) – ein amateurpsychologe aus der jahrhundertwende hätte versucht, an diesen merkmalen die konturen einer art ‹volks-seele› abzulesen.

*

beethovens nachttopf, wittgensteins spülbürste: wenn es hoch kommt, bleiben von biographien derartige exzentrizitäten im gedächtnis der menge haften...
andererseits: wie sich der faszination entziehen, die die ‹laster› der ‹großen geister› ausüben; sie sind kein schlüssel zu deren wesen, vielmehr das element, das den unterschied, den abstand zu ihnen verringert. daher vermag eine rigorose psychopathographie nur die andersheit aufzuheben: x. hat die gleichen symptome wie der von y. beschriebene fall, also... etc.
andere frage: wie weit vermag ein biograph sich selbst zu vergewaltigen, das heißt, seine urteile, wertungen, interpretationen zu suspendieren, ohne einer neutralität oder abstinenz zu verfallen, die ihn erst recht zum gläubigen stempeln würde? dem glauben an die ‹reine› – wenn auch überlieferte – ‹tatsache› verhaftet?

*

«man muß sehr viel verstehen, und die biographie doch wegen dessen schreiben, was man nicht versteht. anstatt daß man den menschen mit einer soße zudeckt.» (robert musil)

*

die wichtigsten momente im leben eines menschen sind geburt und tod. die zeit zwischen den beiden episoden bringt er praktisch damit zu, nach ihrem warum (sinn) zu fragen.

*

langeweile: die radikalste, unvorhergesehene konfrontation mit sich selbst. abrupter stillstand der routinemäßigen betriebsamkeit, der hinter alles ein großes fragezeichen setzt.
das bewußtsein der allgegenwärtigen banalität ist der motor dieses realitäts-‹flips›.
(es genügt, eine alltägliche verrichtung bewußt zu tun, um sie nicht mehr ausführen zu können.)

*

«nimm dir das leben!» die zweideutigkeit ergibt sich daraus, auf welches wort man den akzent legt:
1. beschönigende wendung für suizid
2. apologie der wahl, der selbstbestimmung: «wer wagt, gewinnt»

*

das untrüglichste zeichen vorbehaltloser zustimmung ist das lachen: lesend auflachend, pflichte ich dem autor bei, völlig unabhängig von sujet, tenor, ideologischen tendenzen seiner aussage.
am meisten bringen mich die sogenannten ernsten werke zum lachen.

*

ein penetranter (durchdringender) mensch, so klar, daß es nicht zum aushalten ist.

*

die naivität in der sehnsucht mancher antiintellektualistischer intellektueller nach unmittelbarkeit: unreflektiert lebt allenfalls der kretin, selbst die dumpfe ‹masse› lebt ausgerichtet an geistesgespenstern, ganz gleich welchen zuschnitts.

*

«...ihr anthropozentrismus, ihr moralismus...» usf.: aha, man akzeptiert – schätzt? – mich nur partiell. der ganze mensch ist immer die unverträgliche zumutung.
der künstler und der ästhet kann oder muß sogar fetischist sein, nicht aber der freund.

*

sehe eines nachts die junge blinde wieder, die, mit ihrem langen weißen stock bewehrt, sicher ihres weges zieht.
meine verblüffung grenzt an stupidität: so fremd ist mir ihre permanente nacht, daß mich ihr abendspaziergang verwundert.

*

herrlicher kontrast: eine bäuerin, die im freien eine gans rupft, während vor ihren augen, keine zwanzig meter entfernt, die deutsche bundespost drähte für das kabelfernsehen in die erde versenkt.

*

«frauen sind meine natürlichen feinde», sagte eine bronte-urenkelin zu mir. «sie domestizieren nämlich jene männer, die mich interessieren könnten.»

*

meine welt
mein zahnarzt
mein buchhändler
mein lied
mein leiden
mein liebstes
mein traum
mein schmerz

meine vorstellung
mein einwand
meine vision
meine lust
mein laster
meine erinnerung
mein spleen
mein erster schrei
meine leidenschaft
meine trauer
mein ausgekotztes herz
mein stachel
mein letzter seufzer
mein TOD:
endlich werde ich ‹mich›, meinen besitz los sein!

*

«es gibt keine alternative», rechtfertigt sich regelmäßig opportunistisches tun.
wenn es keinen ausweg gibt und sich nichts mit überzeugung tun läßt (mangels gelegenheiten oder aufgrund zu erwartender sanktionen), bleibt immer noch die alternative, nichts zu tun!

*

ein satz in ihrem brief hat mich frappiert: «comment vous qui vivez à l'écart et sans désir apparent de vous manifester, d'avoir en som-

me une ‹vie›, avez-vous pu fournir ce travail ... sur une ‹vie› précisément?»
sie sind ein furchterregender psychologe, fragen sie doch indirekt: «sind leben und schreiben nicht alternativen, die einander ausschließen?»
sie haben recht: ich hasse es, mit mir hausieren zu gehen, verachte publicity und lehne einladungen zu lesungen etc. ab, da ich mir sage, daß die vermittlung von literatur nicht die sache des autors ist. veranstaltungen mit intellektuellen bereiteten mir bisher immer depressionen, genauer: ich war opfer einer mischung aus langeweile und wut angesichts der zur schau gestellten eitelkeiten. freilich halten sich einladungen jeglicher art in grenzen. für die manager des kulturbetriebs bin ich im gegenteil eine persona non grata, und in deutschland gibt es nicht eine größere zeitschrift, die mich drucken würde ...
was das «nicht-leben» angeht, auf das ihre frage anspielt, so handelt es sich eher um einen kompromiß als um eine wahl: um die freiheit zu haben, über meine zeit selbst zu bestimmen, das heißt, ausschließlich zu schreiben, mußte ich ihr andere freiheiten opfern, mich beispielsweise in materiellen dingen reduzieren, solange sich mit dem geschriebenen nichts verdienen läßt. mein geistig-moralisches exil –

leben auf kredit – währt nun schon zehn jahre. ich sagte mir, daß es für mich – abgesehen von amoklauf und anderen selbstmörderischen aktionen – keine andere möglichkeit gäbe, schädlich zu sein, als zu schreiben. sein leben schreibend verzehren? fast scheint es mir so, als hätten artaud und bataille – trotz ihrer aversion gegen den theoretischen menschen – nichts anderes getan.
als liebhaber von biographien erfülle ich mir ganz persönliche wünsche, indem ich diejenigen selber schreibe, die bisher ein desiderat waren. ich möchte den menschen, dessen werk mich fasziniert, wenigstens post mortem «kennenlernen». mich interessiert das verhältnis leben–werk – sei es nun in seiner widersprüchlichkeit oder in seiner untrennbarkeit. interessiert die frage, ob *das leben* des jeweiligen autors sein werk war – vor allen theorien und publikationen.
im augenblick bereite ich die zweite sammlung meiner «notizen» für den druck vor, (...) ein versuch, der entselbstung des «thanatographen» zu entkommen.
(brief vom 29. 9. 84 an e. m. cioran, seinen kommentar zu meiner bataille-thanatographie erwidernd)

*

das heterogene scheint tatsächlich etwas unerträgliches zu sein. beweis ist jener kritiker, der moniert, daß ich in der bataille-thanatographie drei lebensbereiche in zwei lakonischen sätzen zusammenfasse: recherchen am british museum, besuch des zoos und abschluß einer psychotherapie. beruf, berufung und privatsphäre seien säuberlich voneinander zu trennen, sonst droht ein chaos, in dem alles gleichberechtigt nebeneinander existiert, ohne irgendeine hierarchie. daß diese hierarchie ausschließlich in den köpfen einiger wichtel existiert, nicht aber im leben, sollte eine überlegung wert sein.

*

eines tages platzte ein mir unbekannter verehrer meiner bücher zur tür herein. äußerlich ein anachronismus, die schuhsohlen mit einem strick am oberleder gehalten, high on? (das stört mich keinesfalls, kenne ich doch fast nur süchtige: was dem einen sein ‹stoff›, ist dem anderen die arbeit, der wahn oder der rausch der nüchternheit).
nach einer zigarette brachte ich den wortkargen fremden dazu zu gehen: ich war im schreiben begriffen, fühlte mich überrumpelt und konnte nicht in erfahrung bringen, was er wollte.

der sich später als dichter zu erkennen gab, nahm für grausame abweisung, was viel ratlosigkeit war.

*

dieser dichter-künstler variierte über jahre hinweg die maxime «setzt nicht auf die kunst!»
und weiter?
er machte sich damit einen namen als – künstler...

*

andré masson im alter erinnert an einen zen-mönch.
louis aragon raubte das alter die schönheit, nicht aber eine gewisse wut. mit wirklicher empörung sprach er von der gegenwärtigen welt, als handle es sich um einen albtraum, dem man nicht erwachend entfliehen kann.
patrick waldberg, ‹typ jacques prévert›, ein unauffälliger alter mann mit einem stargetrübtem (?) auge. er gehört einer generation an, die vertraulich nur unter männern spricht. ereignisse, die fünfzig jahre zurückliegen, vermag er zu schildern, als ob sie gestern stattgefunden hätten. bei allem ist er die schlichtheit selbst, und der einzige ‹veteran›, der meine biographischen recherchen mit sympathie unterstützte. mit der welt scheint er seinen frieden geschlossen zu haben, was eine angeneh-

me emanation bewirkt. es ‹paßt› wenig zu seiner erscheinung, wenn er gesteht, daß er als junger mann auf dem weg war, ein junkie zu werden – hätte es nicht georges bataille und ‹acéphale› gegeben.
(es erstaunt mich, daß offenbar niemand versucht hat, dieses lebende stück zeitgeschichte zu interviewen. dieser mann, der sich stets im hintergrund hielt, scheint desto mehr registriert zu haben.*)

*

die geschichte des terrorismus schrieb ein genialer epileptiker namens dostojewski. ihr titel lautet: die dämonen.
da ich kein christ bin, erschöpft sich für mich radikales *tun* in dem von dem russen aufgezeigten dilemma: mord oder selbstmord. (aber selbst das ist eine ethnozentrische wertung.)

*

andere gesichter: das foto von arthur adamov, wie er lachend vor einem mit gläsern überladenen tisch sitzt.
the inner release...
die possen witkacys

* waldberg ist im oktober 1985, knapp ein jahr nach dieser notiz verstorben.

*

jede entscheidung für eine form des schreibens schließt möglichkeiten – der einsicht – aus. wer sich vornimmt, wissenschaftlich oder philosophisch zu schreiben, folgt einer geheimen hierarchie, den ungeschriebenen gesetzen des genres, opfert lebensaspekte. in der prosa scheint proust den letzten gigantischen versuch unternommen zu haben, genau zu sein, ‹alles zu sagen›. es scheint aussichtslos, scheitert schon bei dem versuch, ein vierstündiges zwiegespräch ‹authentisch› zu beschreiben.
in der dichtung ist inzwischen alles zugelassen, selbst wenn nur wenige von dieser freiheit gebrauch machen.

*

man behaupte, was man will: bücher, die bei ihrem erscheinen eine große resonanz haben, spiegeln nur wider, was in den köpfen der zeitgenossen vorgeht. insofern sind sie nichts als affirmativ in ihrer zeit.

*

nach der lektüre von andré massons *entretiens* (1958) mit charbonnier wurde mir klar, in welchem maße die surrealistische revolte scheitern mußte an den zu gesetzen erhobenen moralvorstellungen andré bretons.

der hang zu einer parteistruktur wird schon in der anfangszeit (1926) manifest: man spielte in gedanken die verteilung der ressorts durch, ganz zu schweigen von der funktionärs-sprache, die den manifesten anhaftet. insofern haben die brüche die idee gerettet, die stets in gefahr war, unter buchhalterischen klauseln zu verenden. kann man sich eine revolte mit sitzungsprotokollen vorstellen ...?

*

jünger, masson, artaud, bataille: vier künstler ein und derselben generation, nur die beiden ersteren aktive kriegsteilnehmer, aber ein todesenthusiast ein jeder auf seine weise

*

beim lesen der *memoranda* barbeys:
ein gemäßigter, da melancholischer dandy. der dandyismus – hier eine mischung aus ironie und stoizismus – als mantel gegen die armut, den liebesschmerz, das selbstmitleid. ‹lieber auf ein paar mahlzeiten verzichten, als auf den friseur, den schneider oder die blumen.› mit dreißig ein alter mann, den hypochondrien plagen – wie mich auch.
wie ähnlich hätte ich die normandie erlebt, mich dort verhalten: anti-touristisch, in einem hotelzimmer lesend, schreibend, kaum natur-

promenaden, und als rare delikatesse die besuche der ‹unmöglichen› geliebten! (nach 150 jahren dürfte eine solche reise vernichtend ausfallen in bezug auf die erwartungen, so wie die existenz eines d'aurevilly im heutigen paris völlig unvorstellbar ist.)
es scheint, als hätten mich immer nur solche geister magisch angezogen, deren empfindungsspektrum dem meinen gleicht. sie erfuhren nicht ähnliches wie ich, sie erfuhren ähnlich wie ich.

*

viele meiner ‹portraits› ließen sich folgendermaßen resümieren: gerade das, was sie für individualität hielten, erwies sich als etwas geborgtes. menschen, die auf kredit leben, also hochstapler.

*

the philosophical artist: i never exhibit, i am myself the exhibition.
the philosopher as an artist: i neither talk nor write nor interprete, i just show things.
the philosopher's stone: silence.

*

wie kann man sich damit abfinden, stets mit der einen oder anderen krankheit behaftet zu leben, wenn man sie sich nicht ausgesucht hat und sie folglich ganz und gar nicht zu einem paßt?

*

gewisse ‹in›-lokale gleichen in ihrem kühlen dekor eisdielen oder metzgerläden.
entsprechend kalt verhält sich das personal: die noch kälteren gäste werden abgefertigt wie in einem schnellimbiß.

*

magdalena montezuma ist tot – vielmehr verschwunden, nach den pressemeldungen zu urteilen.
welche schauspielerin war so sehr gesicht wie sie?
es gibt schauspieler, die überwiegend gestik sind oder stimme – und die man dieser ihrer besonderheiten wegen schätzt –, deren gesicht aber eine untergeordnete rolle spielt: im gegensatz zu magdalena montezuma können sie die verschiedensten rollen spielen, ganz gleich, ob auf der bühne oder im film.
der m. m. wurde nur ein film gerecht, der sich geduldig auf ihr maskenhaftes tragödinnengesicht einließ. will sagen: ihr unheilverkündendes gesicht war tragödie, war die ‹person› selbst.

*

das neidische staunen der kunststudenten angesichts der ausgestellten werke schizophrener künstler!

*

die absolute gleichgültigkeit gegenüber dem tod, die ich in *don't look back – zur revolution des hier und jetzt** dem junkie unterstellte, war wohl eher ein wunschtraum von mir als empirie. ich gehe heute eher davon aus, daß jeder «selbstmord auf raten» ein quentchen überlebenswille enthält, denn der endgültige tod ist billiger und jederzeit zu haben.

*

biographien schreiben: enthusiastische *grabgänge*.
das grab eines schriftstellers aber ist das geschriebene, das buch (die särge).
alle «spurensicherung» hat sich daran zu halten – im unterschied zur hagiographie, die *tales,* mündliche überlieferungen, ebenso ernst nimmt.

*

«man nimmt doch auch etwas nicht ernst und lebt es; wie wir alle.» (musil, *die schwärmer*)
enttäuschungs-prophylaxe:

* in: r. petschner/albertine m., *the silver-tongued devil,* münchen 1978

«... hohle(n) liebende(n), die immer neue trennungen und widerstände überwinden [d. h. auch: suchen!], weil sie schon ahnen, wie wenig sie am ersten tag der hindernislosigkeit noch miteinander anzufangen wissen werden.» (musil, *politik in österreich,* 1912)

*

das körperliche schmerzempfinden stellt sich erst ein, wenn man den begriff dafür hat. das scheinen kinder im vorsprachlichen alter zu beweisen, die gleichmütig operationen ertragen, die ein erwachsener als schmerzhaft bezeichnen würde. daher gilt, daß «denken» schmerz empfinden heißt.
die lust bezeugt sich erstmals im ruf nach wiederholung – bis zur schmerzgrenze.

*

wie etwa hans bellmer, ist walter pichler kein genialer zeichner. beiden haftet die unfreiheit eines konstruktionszeichners an. als «literarischen» künstlern liegt ihre qualität in der evokation, im andeuten: beim «lesen» ihrer werke ist man genötigt, die «lücken» selber zu füllen. einem meditativen menschen kann es dabei passieren, für minuten dieses jenseits von zeit und raum zu erleben – was ich konventionell-«surrealistischen» malereien absprechen würde; sie blockieren durch überfülle den potentiellen tagtraum.

*

frauen behandelte er gelegentlich wie exotische schmetterlinge. was empfindliche als kränkung, wenn auch als kindlichen unernst registrierten («du behandelst mich wie ein kind»), war stets nur mimikry.

*

o wir verehrungswütigen deutschen! in puncto selbstzerfleischung – gläubigkeit, demut, dankbarkeit, anerkennung etc. – machen uns nur die slawischen völker etwas vor. aber in puncto bescheidenheit? rechnet doch das verehrende tier das zu seinem kapital, was es verehrt! daher können devotionsadressen als die subtilste form der hybris verstanden werden.

*

ich widme dir mein buch: ich ziehe dich – gegen deinen willen – in meinen dreck.

*

als ich in den spiegel sah, blickten mich schmerz und enttäuschung an

*

«deutschland ist schöner geworden, freut euch des lebens!»: mein resümee der «informationen der bundesregierung» genannten propaganda der christdemokraten. man ist unverschämt genug, ehemalige arbeitsfrontparolen den bedürfnissen der status- und sicherheitsbesessenen zeitgenossen anzupassen. das heißt, man traut ihnen nicht einmal ein fünfzig jahre zurückreichendes gedächtnis zu. (inzwischen halten die sich für mutig, die rehabilitieren wollen, was zu recht in der mottenkiste der werte verstaubte. ehemalige nonkonformisten tanzen, in die jahre gekommen, auf dem seil, das sich zwischen wörtern wie heimat und bundesdeutscher stalinismus spannt. radikalität enthält potentiell auch die möglichkeit eines schwenks zum neokonservatismus. «man muß endlich wieder von ... sprechen können», beginnt gewöhnlich die litanei der reaktion. ein remake des alten films?)

*

4. 1. 85
es gibt unzählige chancen zu vermeiden, das zu schreiben, was man eigentlich will!

*

im wartezimmer eine intellektuellenfamilie mit zwei kindern. die pädagogisch aufgeklär-

ten eltern verwirklichen das programm «beschäftigungstherapie».
ich kann mir nicht helfen, aber diese pseudoharmonie, der eifer der erzieher, der unbegrenzte kredit der kinder – all das wirkte obszön auf mich.

*

heterophobie
nicht vergessen: den alten beim heurigen in mödling, der sich mit mir prügeln wollte, nachdem er mich angepöbelt hatte, daß ich wohl ein junkie sei aus der nahegelegenen drogenklinik. das alles meines äußeren wegen.

*

artaud und das gesamtkunstwerk? aber der mann ist doch weder richard wagner noch hermann nitsch!

*

bei schlechtem körpergeruch verlassen mich selbst die götter der ekstase

*

zittern macht mich etwas, das *macht* ausübt auf mich. es ist angst und/oder vorlust. eine so zweideutige reaktion wie das lachen.

*

wissenschaft vom menschen, paradoxologie: der ganze sinn dieser aufzeichnungen

*

zwei männer, die sich an der theke über empfängnisverhütung unterhalten. der eine berichtet dem anderen detailliert über die vorteile und gefahren der spirale.
das nenne ich aufklärung.
die ergänzung dazu bildet ein mann, der seinem flirt die diversen formen von frauenbrüsten schildert, die er bisher zu gesicht bekommen.
mein ekel damals lag wohl in der instinktiven ablehnung jener nivellierenden tendenz in sachen erotik: als ertrügen jene zeitgenossen entweder nur noch naturwissenschaftliche nüchternheit oder die nicht weniger verachtenswerte ironie. dennoch bezeugen beide haltungen negativ die macht der erotik...

*

als fangfrage: welches ist für sie das erogenste organ? (entsprechend der antwort das gesprächsniveau bestimmen.)

*

das sterben hätte nichts furchterregendes, wenn man sicher wäre, daß es sich wie eine vollnarkose vollzieht (kein erinnern, keine träume...)

*

das jammern nach dem gut-böse-schema («ich bin ein opfer der ungerechtigkeit») das übelste erbe des christentums. marxismus und andere therapien – heilslehren – haben es übernommen.

*

es trifft zu, daß ein dritter niemals beurteilen kann, was zwei liebende zusammenhält. bleibt die frage, ob das geheimnis nun zu schlicht oder zu kompliziert ist, um ergründet zu werden.

*

«ihr talent liegt mehr im ... als im...»
was soll's? mir genügt es vollauf, wenn ich den einen oder anderen zum komplizenhaften lächeln bringe. das geistige lächeln freilich eingeschlossen, zu das einem die nachtbücher mitunter veranlassen.

*

absolute individualität *und ihre abwesenheit* sind wortlos, schweigsam.

*

das sich-bewußtwerden der «persönlichen» alltagsriten müßte zu sofortiger erstarrung führen
das nebensächliche, aber strukturierende, zeitvernichtende in seiner ambivalenz als etwas sinnvolles – mag es auch noch so gering sein – und angsterregendes, sobald dieses «gering» dominiert
der authentische existentialist dürfte sich gerade noch dazu herablassen, zwecks befriedigung primärer bedürfnisse das bett (oder den schreibtisch, den ohrensessel, den pool etc.) zeitweilig zu verlassen

*

«es gibt keine tiefere traurigkeit, als einen unbedeutenden menschen zu lieben. man sieht, wohin die anderen wege der freunde führen, und bleibt dennoch stehen.» (robert musil, *tagebücher*)

«jeder mensch ist ein friedhof seiner gedanken.» (ders.)

angst:
«*die eigentliche feigheit* ist nicht ein verhältnis zum ziel (tod), sondern zu den mitteln (kämpfen). viele wünschen sich, erlöst zu werden, und sei es selbst durch eine krankheit, getrau-

en sich aber nicht zu kämpfen.» (musil, ca. 1938)

*

gewisse artaud-jünger, die sich an mich wenden, glauben, dem dichter am nächsten zu sein, indem sie sich alle freiheiten nehmen: eine skatologische, kumpelhafte, aggressive sprache, die dennoch eine einzige forderung nach antwort ist.
woran es solcher simulation der artaudschen sprache freilich gebricht, ist die notwendigkeit. ich werde den verdacht nicht los, daß das inauthentische so verworren artikuliert, denn zu keiner zeit hat artaud so delirant geschrieben wie jene adepten.
ihre logik scheint zu sein: artaud hat nichts respektiert; weshalb sollte ich artaud und seine sprache respektieren?

*

wenn die sinnsuche zwar unumgänglich, aber ein reines vorurteil wäre?
(die konsequenz aus dieser einsicht bestünde darin, allem faszinierenden hartnäckig zu widerstehen.)

*

ich kann über die diagnose, die kritik solange nicht hinausgehen, wie ich nicht an eine für alle gültige «lehre» oder «therapie» glaube.

*

verspätete rache des kindes. – vielleicht sind «erwachsene» – jene, die sich der vernunft und dem utilitarismus rückhaltlos beugen – nur domestizierte kinder, das heißt verstümmelte menschen, die eines tages «auffällig» werden, nämlich krank oder rebellisch.
diese möglichkeit liegt in den gewaltsam verkürzten kindheiten; umgekehrt gibt es aber auch die, mit den jahren kindisch zu werden ...

*

ich gehe vorzugsweise mit «toten geistern» – schriftstellern, denkern – um, weil mir unsere zeit einfach das unerträgliche ist.

*

einen – toten – menschen zu portraitieren, ist der *umgekehrte* vorgang einer autopsie.

*

martina küglers kunst ist unzweideutig ein kampf ums leben.
sie zeichne ernste gesichter, um bloßzulegen.
ihre figuren seien nackt, da kleider zu zeitgebunden seien.

namenloses leiden und intensität, destruktive kraft: ihre formal und thematisch sehr unterschiedlichen arbeiten kann ich nicht ohne erschüttert zu werden betrachten. es sind schreie, die den menschen in seiner hoffnungslosen unvollkommenheit evozieren, in seiner eigenschaft als wesen mit einem manko (*ein* geschlecht, opfer von gefühlsautomatismen etc.). solche zutiefst subjektiven appelle schicken jedoch nur menschen in die welt, die vor wünschen innerlich verbrennen. es gäbe sie nicht, wenn die welt ihnen jemals hätte entsprechen können. m. k. s kunst ist kommunikation – jenes vermögen, an dem es den meisten so schmerzlich gebricht.
es gibt bilder mit magnetwirkung: unmöglich, sie nicht anzublicken, wo auch immer man sich gerade im zimmer befindet. mein qualitätskriterium ...

*

beim betrachten der ausnahmslos agilen, selbstbewußten, ‹coolen› passanten fielen mir deren angespannte gesichter, deren ticks, deren grimassieren auf. unwillkürlich mußte ich lachen: waren das nicht alles neurotiker, noch unglücklicher in ihrer betriebsamkeit als ich in diesem augenblick?
wer sollte eine monsterstadt wie paris unbe-

Martina Kügler
84

Martina Kügler, Zeichnung, 1984

schadet aushalten können? nur an die geißel lärm gedacht...
«wer den lärm duldet, ist schon eine leiche.» (g. ceronetti 1979)

*

die zwei orte, an denen in unserer gesellschaft gefühle öffentlich artikuliert werden: die poesie und der gerichts-saal
dazwischen liegt allerdings der ganze abstand, der das wollen vom müssen trennt, das aussagen von der inquisition

*

l.-f. célines weltanschauung ist eine «chirurgische» (materialistische). darüber hinaus urteilt er moralistisch und ästhetizistisch zugleich, das heißt, er errichtet seine moral auf einer subjektiven ästhetik.
der alte céline erinnert mit seiner monomanie, seinem haß auf die gegenwärtige welt, auf den sex und nicht zuletzt dadurch, daß er «wie ein irrer» redet, ungemein an den artaud der vierziger jahre. nur ist der eine ausschließlich anatom, vivisekteur, der andere jedoch auch dichter.

*

mich interessieren solche schriftsteller und denker, die im alter eben nicht gelassen, abgeklärt, «weise» geworden sind, sondern sich ihren unversöhnlichen teil, ihre wut, ihre negativität bewahrt haben.

*

«... die erfahrung ist eine blendlaterne, die nur dem leuchtet, der sie trägt ... und inkommunikabel ...» (céline, 1960)

«man schreibt, weil man unglücklich ist.» (ders.)

*

das zum imperativ erhobene «glück» – für alle und zu jeder zeit – rächt sich als schalheit: fehlen von unglück

*

der idee vom gesamtkunstwerk ist nicht anzulasten, daß sie unverfälscht noch nie verwirklicht wurde.
die wand, die das leben von der kunst trennt, hat sich als resistent erwiesen.

*

die ahnung, daß es reinkarnationen gibt
der materialist: «nein, eher ein beweis für die seltenheit echter individualität!»

*

«eine biographie ist eine sammlung von zufällen, das kontinuierliche besteht in der sensibilität für zufälle.» (niklas luhmann 1985)

*

wer möchte noch zu den «persönlichkeiten des öffentlichen lebens» gezählt werden, seitdem diese kategorie ausschließlich politiker und andere entertainer «aus film und fernsehen» umfaßt? wer möchte den dubiosen herrschern zugerechnet werden, die die masse per medium wählt? den meistern in der kunst, millionen zu helfen, ihre zeit – schlecht – totzuschlagen ...

*

«ich singe aus meiner wunde.» (pierre guyotat 1976)

*

in dem, was einer schreibt, verteidigt er seine sexualität» (barthes): wie aber steht es um ihre nicht-ausübung? könnte nicht-geteilte sexualität, also das fehlen dieses kommunikationsmodus nicht der letzte grund für die außergewöhnliche vehemenz der schriften lautréamonts, artauds, guyotats sein, der grund für ihre inkompatibilität, ihre irreduzible «andersheit»?
jungfräulichkeit, einsamkeit, destruktivität (selbstmörderische und mörderische impulse)

und revolte sind ein ganzes, das das schreiben determiniert. (mir geht es nicht darum, die these zu rehabilitieren, nach der enthaltsamkeit die kreativität fördert: ich suche nach einem erklärungsmodell für die außenseiterstellung bestimmter dichter. könnte jene nicht-geteilte sexualität nicht der kapitale punkt sein, der sie von der horde – der schreibenden als auch der nichtschreibenden – unterscheidet?)
liegt nicht die reflexartige ablehnung der schriften heiliger, verrückter, aufständischer darin begründet: daß man sich sagt, dieser kennt bestimmte erfahrungsbereiche gar nicht, die mir vertraut sind (dafür aber andere, die mir fremd sind) – was sollte er mir folglich zu sagen haben? (ich nehme die möglichkeit aus, wo diese literatur ohne den geringsten inneren widerstand konsumiert wird.)
ich kann dieses existentielle argument empirisch nicht weiter belegen, da triebtheoretiker sich ausschließlich auf zuordnungen (hetero-, homo- oder bisexuell) verlegt haben, unter der hypothese, daß asexualität bzw. das nicht-ausleben-wollen der sexualität dem mythos angehört oder unter narzißmus zu rubrizieren sei.
meine erfahrung ist jedoch, daß die rhetorik, die thetische, diskursive schreibweise mit

zunehmenden «triebbefriedigungen» koinzidiert. von «befriedigten medusen» wäre daher rein gar nichts zu erwarten. – (und bataille, witkiewicz et al.? nicht jeder lebt wie ein caraco, ein pessoa oder ein kafka!)
rémy de gourmont, ezra pound, aleister crowley, henry miller et al. identifizierten a contrario genialität mit potenz (virilität). vielleicht berührt man daher besser nicht das thema ihrer genialität ... einzig bataille, der weder den asketen noch den potenzprotzen zuzurechnen ist, machte sich und uns in puncto erotik nichts vor.

*

du stirbst jede nacht, sagte sie, auf meinen agitierten, geräuschvollen schlaf verweisend. die klebrige angst ...

*

warum ich so traurig, so nüchtern bin ...
in bezug auf mich (allein) hat nichts sinn
ohne (irgendeinen äußeren) sinn hat dieses ICH keinen wert
keine raison d'être
hinter jeder affirmation verbirgt sich ein referent (früher hieß er gott)
ich kann sehr wohl ohne ihn
gehen, atmen, denken, sprechen, lachen, zittern ...

aber ohne «das dritte», ein credo
gibt es weder «ich»
noch irgendwelchen sinn
die absenz, das non credo kann sich nur vervielfältigen:
annihilieren, was ist
im namen von was?
im namen der sinnlosigkeit
wird so nicht abermals die negation zum höchsten wert ernannt?
nein, nichtig ist auch das glühende verneinen. es geht darum, die bedeutungslosigkeit unserer kriterien, parameter, haltungen zu demonstrieren. wie sehr doch alles auf ein fürwahr-halten hinausläuft, wie fragil und gefährdet andererseits erkenntnisse, «wahrheiten» sind, die keinen konsensus finden.

*

die autonomie, die sie sich bewahrt hatte, war kleiner als ein fingerhut, bequem in der hosentasche zu tragen: ein bröckchen haschisch – die einzige absolute grenze, die sie zwischen sich und den pflichten ziehen konnte

*

der schweigt, weil er nicht als sophist enden will

ein anderer, weil er sich selbst für unwichtig hält
wieder ein anderer, weil er an nichts glaubt
der rest schweigt, weil er nichts zu sagen hat
und die jungen, das lebensgefühl der jungen – wo artikuliert es sich?
man darf die revolte nicht mit ihrem ausdruck (oder der fähigkeit zu ihm) verwechseln

*

«die deutschen intellektuellen können ohne ideologie nicht einmal aufs klo gehen.» (max ernst 1920)

*

glaube an die kunst: ein künstlicher glaube

*

konsequenzen aus der erkenntnis der eigenen bedeutungslosigkeit:
bescheidenheit (die lösung der weisheit) oder suizid (die lösung der hybris)

*

ohne «die anderen» wäre ich glücklich
andererseits muß meine eitelkeit sich eingestehen, daß es ohne sie mich in der gegenwärtigen form nicht gäbe

*

eher lautréamont denn sade...
guyotats *tombeau pour cinq cent mille soldats* (1967) ist keine geringere zumutung wie etwa pasolinis *salò*. in sieben «gesängen», die sich über 500 seiten erstrecken, wechseln szenen menschlicher barbarei mit solchen voller poesie und erotischer zärtlichkeit. das außergewöhnliche an guyotats opus: der körper kann sich ihm schwerlich entziehen. dieser schreckliche und zugleich wunderbare ‹film in worten› läßt sich nicht mit dem intellekt neutralisieren (es sei denn, man bringt sich in sicherheit, indem man die lektüre abbricht.)
die vielleicht erschütterndste wahrheit: der mensch, den guyotat als sadistisches, mordlüsternes erotisches tier zeichnet, ist weder eine neuere errungenschaft noch eine im aussterben begriffene spezies.
eine welt, die in henker (soldaten) und opfer (sklaven: frauen, kinder, tiere, prostituierte) zerfällt und in der die einen nicht mehr zählen als die anderen, in der jeder – konsequenter als bei sade – ein potentieller sklave ist: es scheint so, daß es kaum noch literarische fantasien gibt, die die wirklichkeit nicht schon eingeholt hätte.
dennoch ein entsetzliches buch. der nicht geringste gewinn für den leser könnte darin liegen, sich dabei zu ertappen, an gewissen sze-

nen, die in jenem garten der qualen/lüste spielen, gefallen zu finden. alles andere ist heuchelei, verdrängung, moralistengeschwätz.
‹ecbatane› ein anderes ‹eumeswil›? in jedem falle eine art *ilias* des 20. jahrhunderts.
guyotat vielleicht eine art französischer p.-p. pasolini, aber intellektueller, wenn ich so sagen darf: zwar bedient er sich des dialekts, verbindet aber damit kein ideologisches programm (abgesehen von einer generellen sympathie für die underdogs: die sklaven). er vermeidet die metapher, nicht aber die themen und die sprache des bildungsbürgertums: ähnlich verhält es sich beim wilden artaud, der den klassischen schrott zwar attackiert, selber aber nicht ins stammeln verfällt. guyotat geht noch weiter (über joyce und sollers hinaus), indem er radikal die syntax aufsprengt und in seinen jüngsten texten sich dem ideal der unverständlichkeit nähert.
viel zu sagen wäre zu seinem theaterexperiment.

*

maulhelden-klamauk
dieser künstler und dozent betätigte sich bei tisch als alleinunterhalter – um sich nicht zu zeigen?

was ihn charakterisierte, waren frivolität und hybris: wie ich es anhand seines werkes erwartet hatte.
weder dieser kindmann mit punkerallüren noch seine hervorbringungen verdienen es, ernst genommen zu werden: er gehört jener mischpoke an, die weder andere noch sich selbst mehr achten können, den blick starr auf den profit (die monetäre geltung) gerichtet. opportunistischer zynismus und verbale kraftmeierei ... schlichtere gemüter sind indessen von jürgen klauke fasziniert: er verkörpert ihnen das exotische. der übliche bal banal ...

*

eine vielzahl – koexistenz – von werten:
jeder gegen jeden die konsequenz

*

das uneingestehbare: laster, perversionen, vorlieben, die trotz allem mit anderen zu teilen ich befürchten muß
z. b.: gelegentlich, seit 7, 8 jahren genau, suche ich das poetische an den niedrigsten orten, im ‹milieu› – nicht in den büchern, der natur oder im museum: was ich nur genauer beschreiben könnte, läßt sich als «exotismus» o. ä. erschlagen, sarkastisch relativieren. aber manchmal

begegnet man der poesie gewissermaßen auf der straße, nicht in ihren repräsentanten.

*

überzeugung, daß man mit fünfzehn etwa einen geistig-körperlichen gipfel erreichen kann: ab da neigt sich die kurve, selbst wenn sie – dank feinerer differenzierungen, rektifikationen: «erfahrungen» – unerwartete spitzen, eruptionen, abweichungen aufweist

*

dikta des batailleschen «immanenz»-standpunktes:
alle menschen können geliebt werden; ergo:
der wille nach differenzierung, der wunsch, sich abzugrenzen, ist ein genuin bürgerlicher zug; ergo:
positivisten sind den schwärmern (idealisten) vorzuziehen
die verachtung der welt und seinesgleichen ein fehler (gebrechen): hybris, dummheit, attribut der reaktionäre
die souveränität ist ... nichts?
anscheinend haßt und liebt er die extreme, die paroxysmen

*

den melancholikern kreidet ‹man› ihren lebensekel, ihren snobismus, ihre blasiertheit,

ihre nonchalance, ihr gelangweiltsein an,
den fanatikern (moralisten, wahnsinnigen, poètes maudits, brennenden fackeln) die grellheit ihrer schreie, ihre ungerechtigkeit, oder ganz einfach, daß sie moralisten, fanatiker, wahnsinnige, poètes maudits, brennende fackeln waren
MAN, das heißt der durchschnitt, das rudel

*

anarchie der gefühle
gegen das «vernünftige tier» mensch spricht, daß er gefühle hat.
eine rationale operation, die zu einem nützlichen resultat führt, findet anerkennung.
gefühlsausbrüche dagegen stecken an, «kommunizieren»: begeistert oder ängstlich (die unfreie, moralisch determinierte reaktion) erkennt sich der andere im berauschten wieder.
ebenso bringen die nutzlosen tätigkeiten – sport, kunst, dichtung ... – den meisten ruhm ein, mag das arbeits- und leistungsethos noch sosehr danach streben, universelle norm zu werden.
was sich nicht messen läßt am menschen, das gefühl, wird immer wieder über die grenzen hinausschießen, die er sich selbst gesteckt hat in dem bewußtsein, daß der ‹ältere› mensch in ihm amoralisch und irrational ist.

man schaffe die gefühlskultur ab, und ganze berufssparten, die dafür sorgen, daß der mensch möglichst so problemlos funktioniert wie ein automat, werden obsolet: seiner adaptation entsprechend einem gemeinsamen, ‹höheren› ziel stünde nichts mehr im wege.

*

eine moral des verzichts
romantiker ohne illusionen, läßt sich fernando pessoas mystik als «bewußte bewußtseinslosigkeit» beschreiben. eine mystik des nein. als denker ist pessoa monist, geschichtsfeindlich, das heißt ästhetizist.
der modus der nicht-subjektivität dieses solipsisten ist – neben der heteronymie – die willentliche verbannung, das exil, die «innere emigration»: die wahl des quietismus.
wenn sich der dichter bejaht, dann allenfalls in seiner eigenschaft als verlierer aus wahl, der gleich robert walser auch noch seine demütigung genießt.
macht, einfluß, geltung beharrlich abweisend, erreicht pessoa die souveränität.
seine abstinenz spricht unmittelbar erotischen empfindungen allen wert ab, während sie visuelle und auditive wahrnehmungen privilegiert: eine distanzierte erotik, die nichts besitzen will. «nie habe ich jemanden geliebt» (*buch*

der unruhe, nr. 113), lautet das erschütternde eingeständnis seiner menschlichen unzulänglichkeit.
es scheint so, als begehrte pessoa das begehren, nicht die befriedigung oder die lust.
der dichter wäre ein held (eine literarische fiktion), würde er nicht – wenn auch selten – klagen, hätte er nicht zum alkohol zuflucht genommen, der manchmal bei der extinktion des bewußtseins – wie auch beim reisen, ohne den ort zu verlassen – hilfreich ist. des bewußtseins? die unerbittliche, verhängnisvolle luzidität, sich beim leben zu beobachten. eine objektivität – diejenige, sich von außen zu betrachten wie ein fremder –, die leben letztlich unmöglich macht. hier trifft die formel vom bewußtsein als selbstverhängnis zu.
daher die vielen dichterleben, die pessoa unter verschiedenen namen führte. als hätte er nach der lösung dieser frage gesucht: «wie löse ich identität auf, ohne mich ins gesellschaftliche ‹aus› zu manövrieren (indem ich wahnsinnig, ein asozialer werde, ins exil gehe oder selbstmord begehe)?»
pessoas *non credo* ist solcher art, daß mir schwindlig wird, ohne daß ich den schwindel noch vom rausch unterscheiden könnte.

*

«das leben ist für uns das, was wir in ihm wahrnehmen. (...) in wahrheit besitzen wir nur unsere eigenen wahrnehmungen; auf sie und nicht auf was sie sehen, müssen wir demnach die wirklichkeit unseres lebens gründen.» (pessoa, *buch der unruhe,* nr. 76, 1930)

«... wir besitzen weder einen körper noch eine wahrheit – nicht einmal eine illusion. wir sind gespenster aus lügen, aus schatten von einbildungen, und mein leben ist nichtig von außen wie von innen.» (ibd., nr. 101)

«wir sind ein tod. das, was wir als leben ansehen, ist der schlaf des wirklichen lebens, der tod dessen, was wir wirklich sind. (...) wenn wir meinen, wir lebten, sind wir tot; wir werden leben, wenn wir im sterben liegen. (...) wir sind im schlaf befangen, und dieses leben ist ein traum, nicht in einem metaphorischen oder dichterischen sinne, sondern in einem tatsächlichen sinne.
all das, was wir unter unsere höheren tätigkeiten rechnen, all das hat am tode anteil, all das ist tod. was ist das ideal anderes als ein eingeständnis, daß das leben zu nichts nütze ist?» (ibd., nr. 160)
pessoa scheint mir die negativität des «ideals» mit dem tod zu verwechseln. wir alle leben aus

und mit illusionen oder idealen – eine möglichkeit, die banale wirklichkeit zu überschreiten.

*

wahrscheinlich ist verständnislose dumpfheit eine je individuelle schutzmaßnahme, die es dem ignoranten gestattet, einigermaßen unbeschwert weiterzuleben.
eine reflektierte existenz nähert sich im grenzfall der theoretischen, immobilen.

*

kinoblut. – was soll ich von einem schriftsteller halten, der wie einst ein österreichischer autor im ‹milieu› für einen blassen eklat sorgt, indem er sich halb dadaistischer, halb aktionistischer praktiken bedient, der mal brinkmann, mal thomas bernhard imitiert, ohne sich je auf der höhe der von ihm plagiierten zu befinden? wie steht es um die authentizität dieses autors, der sich in autobiographischen aufzeichnungen bald zum banalen, trivialen bekennt, bald seinen ekel vor allem – besonders den umgangsformen gleichaltriger kollegen – bekundet, während er nichts anderes zu tun scheint, als von einer insiderversammlung zur anderen zu hetzen, um sich darauf über den literatenbetrieb zu mokieren und so weiter.

die gewöhnliche mühsal kompromißlerischer kleiner talente, sich zu profilieren.
gäbe es diesen autor nicht, das haus suhrkampf müßte ihn erfinden: phänotypisch ist nicht allein der jargon dieser prosa, sondern die vakanz des anderen in ihr. sie vermittelt eine welt, die sich ausschließlich auf ein hypothetisches ich stützt, das gemeinplätze, besser: nichtigkeiten von sich gibt, weil es für sich allein nichts ist. was hat ein schriftsteller zu sagen, der lebt, denkt und spricht wie hunderttausende seiner zeitgenossen? (das jenseits der vor ernst starrenden high-culture – oder ihre verspottung – wird mir immer imponieren, falls der rebell etwas zu sagen hat...)

*

angesichts der sogenannten concept- oder idea-art (als gäbe es auch geistlose kunst) erübrigt sich die frage, *ob* plagiiert worden ist, offen bleibt nur die frage nach dem mehr oder weniger gut verborgenen urheber, der imitiert wurde. allem parasitismus zum trotz sind ideen nicht so wohlfeil.
wer weder die gesellschaft noch die solidarität seiner artgenossen aufs spiel setzen, wer weder seine gesundheit noch seine sicherheit, noch seine zukunft opfern will, der kann nur denken, was seine art- und zeitgenossen den-

ken. «vom schreibtisch aus das leben schildern, beurteilen wollen ist eine farce: der schreibende erfaßt nur seinen begrenzten horizont», lautet ein beliebtes vorurteil. das gegenteil ist nicht weniger wahr: ohne distanz zu dem, was gelebt wird, was geltung hat, konsensfähig ist, bin ich nur imstande, monoton die jeweils aktuelle ideologie wiederzukäuen, statt zu denken zu geben oder sichtbar zu machen...

*

die niedrigste kunst
eine relativ späte errungenschaft, zugeschnitten auf ein an fantasielosigkeit leidendes publikum, das heißt die masse. wo sätze, bilder oder töne für sich allein nichts mehr auslösen im rezipienten, kommt ihm das erzählende kino entgegen: gleich dem foto bildet es die sogenannte wirklichkeit ab, wiederholt, imitiert sie.
im augenblick kann ich wählen zwischen postdadaistischem nonsens, der die geistigkeit einer bestimmten generation verkörpert, und psychologischen filmen, die den konsumenten zur identifikation einladen.
es kommt vor, daß der film leidenschaften beschwört, die hier und jetzt wenn nicht tabuisiert, so doch einfach nicht vorhanden sind:

aber selbst dann kommt er über die widerspiegelung nicht hinaus.
die überschreitung des unterhaltungsgenres, der exzeß ist vielleicht einem schroeter in seinen frühen filmen gelungen, indem er ein künstliches medium zu ebensolchen zwecken gebrauchte.

*

...warum einer überhaupt schreibt. wenn es nicht bitterkeit ist, die einen zum ausdruck drängt, warum dann die zehntausend möglichen enttäuschungen, einsamkeiten, trennungen, sehnsüchte artikulieren, warum aussprechen, was wunsch oder verzweiflung ist, warum glaubensbekenntnisse äußern, warum die begeisterung sprachlich manifestieren?
sind schreibende menschen, die intensiver leben (weil sie schreiben?) oder aber heruntergekommener, einsamer, snobistischer, eitler sind als die schweigenden, sind es gefühlathleten oder einfach exhibitionisten, verhinderte triebtäter, schauspieler auf ihre art?

*

immer weniger war es das streben nach authentizität, das meine notizen bestimmte, als der wunsch, kein erleben, kein ereignis einem ‹geschliffenen› gedanken unterzuordnen. (die abstraktion täuscht, aber authentizität gibt es ebenfalls nur um den preis der gelungenen täuschung, gibt es doch kein urteilsfreies beschreiben: beides bleibt gleich unbefriedigend.)

*

unsere menschliche unbegrenzte fragilität verglichen mit der schier grenzenlosen unermeßlichkeit – unbegreifbarkeit – des universums
unfähig, unsere – im maßstab der gestirne – rezente genesis zu datieren, beginnen wir unsere zeitrechnung beim ungewissen tode christi und setzen tages-, monats- und jahresziffern, als ob es sich um unumstößliche entitäten handelte
wir kennen uns so wenig wie die uns «verwandten» gestirne und leben mit hypothesen, approximationen, die zu korrigieren, ein menschenleben allzu knapp bemessen ist
das licht eines sterns sehen, den es selbst nicht mehr gibt: aber solchen zerebralen räuschen möchte ich die einfacheren, irdischen nicht unterordnen. manchmal genügt eine nachtwanderung im wald oder eine hyperventilation – wie sie beim yoga methodisch angewandt wird – zum taumel: ein leichter rausch, etwas wie benommenheit – womöglich auch angst –, vergleichbar dem unwillkürlich

schwankenden gang, der sich einstellt, wenn man den sternenhimmel im gehen fixiert

*

der nichtentlohnte künstler mokiert sich über den geiz (oder die geringschätzung) des beschenkten
wird er dagegen honoriert, macht er sich über die dummheit des käufers lustig
solcher zynismus geht mit der moral der universellen tauschbarkeit konform: sie kennt nichts mehr, das unab*geld*bar wäre

*

liebe oder verliebtheit manifestiert sich auch und zuerst in einer manischen aufmerksamkeit für das detail, die geringfügigkeiten des du. batailles erotologie scheint diesen aspekt zu übergehen, zugunsten der todessüchtigen ekstasen, exzesse, paroxysmen: es überwiegen die gefühlsquantitäten und die tendenz, sich um jeden preis zu verlieren.
solange aber der mensch noch ein psychologisches wesen ist, führt der weg zu den hohen intensitäten über die minimalen, faszinierenden qualitäten, bleibt das du als objekt eine flüchtige virtualität.

*

«auf dem boden des abgrunds ist vor allen dingen dies: die an die stelle der liebe und der furcht getretene indifferenz, der kluge dialog anstelle der nahezu absoluten hingabe...» (g. ceronetti 1979)

«was kann ein mensch für andere überlegungen anstellen, als seinen artgenossen soviel wie möglich aus dem weg zu gehen?» (ders.)

*

beim wiederlesen der *fatalen strategien* von der letztendlichen positivität baudrillards enttäuscht.
ist die kritik an den befreiungsbewegungen – der wunschökonomie – angemessen und stichhaltig, so erscheint mir das plädoyer für die verführung wie eine ungeschicklichkeit, hilflosigkeit: dem nein, das erleichtert aufatmen läßt, folgt ein neues, schwerlich überzeugendes ja – und so fort (?)...
daß baudrillard die *chance* batailles in seinem konzept der verführung aufgehen ließ, die anti-ödipalen euphemismen imitierte, ist nur von untergeordneter bedeutung. wenn er aber die wiederbelebung der tugenden romantischer ironie für möglich erklärt, so fällt er doch hinter den standard seines eigenen zynismus zurück.

so manche geniale skeptiker und kritiker fühlen sich zum amt des ratgebers berufen, aber nur wenige haben das format, dieser ambition zu genügen, ohne sich zu kompromittieren, lächerlich zu machen.

*

wenn ich demonstrieren sollte, was für mich «psychopathischer blick» heißt, würde ich auf die portraits von van gogh, nietzsche, strindberg und artaud verweisen: augen, die wie bei einem tier aus einer festung herausstarren, ohne zu sehen, ein verzehrendes, unerträgliches feuer, das davon ausgeht, daß diese augen inwärts gekehrt zu sein scheinen, während sie gleichzeitig schwarz *brennen*

*

fixe idee: ich habe die wahrheit eines menschen nicht, solange ich nicht um das weiß, was er dem neutrum papier – und nur ihm – anvertraut: seien es auch nur chiffren all dessen, was er getan, empfunden, gedacht, *gelebt* hat

*

inzwischen leide ich an den folgen meiner habituellen unterkühltheit

*

daß robert musil ausgerechnet in den minuten starb, da er zur selbstkontrolle seinen täglichen zigarettenkonsum bezifferte, erinnert mich an georges batailles tod am essenstisch: letzterer wurde nicht müde, nietzsches sentenz zu wiederholen: tragische geister fallen sehen und darüber lachen können...

*

träume: in einem geheimcode verfaßte texte oder botschaften, die es zu dechiffrieren gilt. das paradoxe dabei: der, der codiert hat, findet nur selten den schlüssel wieder...

*

lediglich der mund und die wasserblauen augen kennzeichnen sie als georges batailles erste tochter – eine frau von problematischer schönheit. sie begegnet mir mit disponibler reserviertheit, die nicht mit anekdoten geizt... mit meiner frage, ob ihr vater allein gestorben sei, bringe ich sie in verlegenheit. georges habe zur vaterschaft nie ein verhältnis finden können, sie habe nie einen vater gehabt und erst nach dessen tod getrauert. (statt eines vaters drei stellvertreter.)
wie sie da sitzt, umgeben von massons, in diesem neubau im elften stock, in dem ihre erwachsenen kinder für eine gewisse hektik sor-

gen, geht mir auf, daß für sie – im gegensatz zu mir – georges bataille kein heiliger gegenstand ist: eine reaktion der sich ungeliebt wissenden tochter. andererseits unleugbarer stolz, seinen namen zu tragen. welchem anderen autor hätte man durch eine auktion aus einer materiellen klemme herausgeholfen? als ich artaud erwähne, schockiert, daß er in ihren augen ohne zweifel verrückt gewesen war.
außerdem demonstriert sie mir negativ, mit welcher exklusivität *ich* besucher behandle ...

*

ironie: die gedenktafel an dem schäbigen kleinen haus, das joseph roth bewohnte. die regel ist, die dichter hungern zu lassen, um sich dann mit ihrem namen zu schmücken. hungern nicht nur materiell verstanden.

*

hinweiszeichen auf den trottoirs für orte, wo hunde koten können! es scheint, daß man sich in paris der anarchie qua kanalisierung erwehren will. toleranz bei ausgeprägter heterophobie ...

*

e. m. c. teilt mein derzeitiges paris-bild: hier könne man nicht mehr leben. (dies sagt er in einer art vogelnest, das er über den dächern

der metropole bewohnt. niedrige türen, der empfangsraum spartanisch eingerichtet, eine liege, gartenstühle und -tisch. davon abgetrennt eine winzige arbeitskammer, ein mit büchern beladener tisch.) auf der suche nach einem «letzten wohnsitz», den er mit lebenssinn identifiziert, liebäugelt er mit deutschland: seine favoritin ist das vorkriegs-dresden. er erzählt vom grassieren des straßenraubs, vom um-sich-greifen new yorker methoden: krieg der farbigen gegen die weißen.........
das militante aufklärerische klima in deutschland vergleicht er mit demjenigen in frankreich – vor zwanzig jahren, als sartre noch unangefochtener meisterdenker war.

....

diskussionen um die atombombe betrachtet er als nur noch den putzfrauen angemessen: kann man das notorische politisch-moralische argumentieren besser brandmarken?

....

gefragt, ob er ein buch vorbereite, winkt er ab: er habe erfahren, daß er alt geworden sei. schreiben müsse immer ein neuanfang sein. dafür lese er viel. wenn freilich auch dieses interesse erlösche, sei man tot.
beim abschied macht mir dieser eingefleischte pessimist mut...
(rätselhaft an dieser begegnung bleiben mir

die rituale: so sein glas, mit dem seine hände spielten, das er aber nicht füllte, wohingegen ich am portwein nippte. oder die kerzen, die er wie ein signal am ende des gesprächs löschte. nachhaltig im gedächtnis blieb das bild der kleinen figur mit dem traveller auf dem kopf, wie sie die treppen erklimmt oder schwatzend auf der straße steht. letztlich bestimmt ein gesicht, eine gestalt, ein verhalten – gestus, stimme – den eindruck mehr als das gesprochene. ein einsamer? ein einzelner!)

*

der anblick der erstausgaben artauds im fenster eines antiquars genügte, mich von den pariser zeitgenossen zu «enthexen», mich für momente aus der zeit herauszureißen.

*

analität der deutschen: man beachte die obligatorische klopapierrolle in den autos der kleinbürger, man beachte die anzeigenflut für abführmittel in den massenblättchen. das thema digestion teilt sich mit dem der gesundheit im allgemeinen und dem der potenz das terrain.

*

«bist du schwanger?» fragt eine vorarbeiterin ihre junge kollegin, die während einer arbeitspause traurig umhersteht.
merkwürdig an diesem filmdialog ist weniger das klischee, sondern daß es von einer autorin aus der ddr benutzt wird.
als reimte sich auch im kinderfreundlichen sozialismus nur tristesse auf grossesse.

*

eine junge farbige prostituierte kommt mittags im grellen sonnenlicht aus der absteige und versucht, einen normalen eindruck zu machen.

*

in friedliebenden zeiten tobt sich nationalismus in den sportspektakeln aus, wo siege gefeiert werden wie sonst erfolgreiche schlachten.

*

das jenseits von gut und böse, wahr und falsch ist für mich das widerliche (repulsive) und die frivolität (in ihrer bedeutung als risikolose affirmation oder opportunismus): im einen falle das heterogene, im anderen die promiskuitive oder exzessive gestalt der vernunft.

*

ein akribisch-authentisches journal ist ja schon deshalb ein unding: ich käme vor lauter (be)schreiben nicht zum leben

*

«ich mache tai-chi, damit ich mich nicht mehr spüre!»
wie viele menschen arbeiten irgend etwas, um es sich leisten zu können, ihre existenz auf irgendeine, möglichst angenehme weise zu vergessen?
oh, auf dem menschen lastet ein angeborener fluch: leidet er nicht unter der notwendigkeit, beharrlich sein leben zu erhalten, so befällt ihn die langeweile, martert ihn die unabsehbarkeit einer in minuten zerfallenden, sich dahinziehenden lebensspanne. anderen sterblichen wiederum setzt die ungewißheit der frist zu, und das unvermeidliche ihres endes spornt sie zu größter aktivität an.
in jedem falle suchen wir die vorweggenommenen kleinen agonien – im rausch, im taumel, im vergessen, im träumen –, weil wir anders uns nicht aushalten.
den menschen unterscheidet vom tier sein todesbewußtsein und der wunsch, seinem tod vorwegzulaufen.

*

kraft durch freude/arbeit macht frei!
«keinen anklang finden stücke, deren gesellschaftskritischer anspruch nicht mit dem qualitätsanspruch schritt hält, die die zuschauer mit trübsinn langweilen (...) solche stücke gehören freilich auch nicht auf späte sendezeiten, sondern schon das manuskript gehört in den papierkorb.» (dietrich schwarzkopf, ard-intendant)
es ist bezeichnend, daß ein tv-manager mit dem deutschen auf kriegsfuß steht, noch bezeichnender aber ist eine geistigkeit, deren «qualitätskriterium» sich in einschaltquoten ausdrückt («gut ist, was einer mehrheit gefällt»). darin besteht die diktatur in den demokratien. es gibt den jugendschutz, den tierschutz, den umweltschutz, aber es gibt keinen schutz vor der pornographie, der menschenverächtlichkeit und der bewußtseinsbeschmutzung der öffentlich-rechtlichen anstalten.
bei solcher verächtlichkeit gegenüber dem publikum befremdet es kaum noch, wenn minister riesenhuber ein konzert (der offizielle «kulturbeitrag» des bundesforschungsministeriums zur EXPO in japan) mit einer apologie der technik, einer eloge auf die leistung einleitet. wo musik so zum schmückenden beiwerk degradiert wird, wäre es angemessener

gewesen, durch einen aufmarsch von automaten und maschinen geräusche produzieren zu lassen. (alles andere ist prostitution: «marschmusik».) da kann ich nur sagen – ich, der ich praktisch publikationsverbot habe in den bundesrepublikanischen zeitungen und zeitschriften –, mit dieser kultur habe ich nichts zu tun, will ich nichts zu tun haben. einer kultur, in welcher die erbauer der künftigen arbeitslager gefeiert werden, denn die designierten gefangenen bauen ihr eigenes gefängnis selbst, ohne es zu merken.
und eine frage stellt sich: hat es je – nach 1933 – eine derartige intellektuellenfeindlichkeit gegeben? das sollte all jenen patentierten neofaschistenjägern zu denken geben, die den wald vor bäumen nicht mehr zu sehen scheinen...

*

– warum artaud, warum bataille?
– weil ich den luziden rausch schätze.
– und die politische effizienz solch radikaler dichtungen, der erkenntniswert solcher ekstase-philosophien?
– muß denn ein denken einem «höheren ziel» dienstbar gemacht werden können, damit es etwas gilt? sind denn prinzipien, moralische imperative für seinen wert unerläßlich? erstikken wir nicht an all dem wissen, an all den

ideologien, die das versprochene glück-für-alle nie eingelöst haben? stöhnen wir nicht alle unter einem fortschritt, der uns der vollendeten sklaverei ausgeliefert hat? und ist der orgiasmus etwa keine politische position?
– demnach wäre es einerlei, ob man ein glas wein trinkt oder artaud und bataille liest?
– beinahe. aber die wollust ohne das wissen ist wie das wissen ohne die wollust (die leidenschaft).
eine philosophie, die sich unablässig selbst aus den angeln hebt, vermittelt keine lehre, sondern den taumel, das leben auf treibsand: sie ist – wie sonst nur die dichtung – imstande, bewußtseinskrisen auszulösen, die gewohnten interpretationen der welt umzustülpen.
von der poesie erwarte ich außerdem nichts weiter, als daß sie «beißt», ein wütendes dementi wider die domestikation ist.
– genügen die orgie, die ekstase, das nichtwissen, der entfesselte ausdruck als lebensmotiv? wird hier nicht der ruin und der wahnsinn verbrämt, ja gefeiert?
– welches motiv wäre besser?
ist die vernunft gegen den exzeß gefeit (die vernunft, die mord und todschlag, demütigung und knechtschaft legitimiert)?
– die vernunft wäre demnach auch fähig, ihren eigenen widerspruch zu denken? andern-

falls müßte man schlußfolgern, daß der wahnsinn aus artaud und bataille sprechen.
– …

*

kontinuität wie identität nur sache von kurzen augenblicken
so leben wir beispielsweise nie in ein und demselben körper: der morgendliche ist vom abendlichen verschieden, der winterliche unterscheidet sich vom sommerlichen, der kranke vom gesunden, der berauschte vom nüchternen und der alte erst recht vom jugendlichen
punktuelle identität, kontinuität der diskontinuierlichen zäsuren

*

«der mensch ist nur dazu auf der welt, um eine grimasse zu schneiden, die er sich sein ganzes leben lang hat zurechtlegen müssen, und manchmal bringt er sie nicht einmal zustande.» (céline, 1932)

*

nähe des reisens zum fest
die zeit, die man auf fernreisen verzehrt, gilt manchen als zeit der frei-zügigkeit.
reisen versetzt günstigstenfalls in eine disponibilität, wie sie sonst nur während eines festes

möglich ist: die intimität eines eisenbahnabteils, die die anonymität nicht aufhebt, das bewußtsein um die zeitliche begrenztheit dieser zufalls-gemeinschaft begünstigen die kommunikation, das tagträumen, das sich-berauschen (sämtlichen alltagsgebräuchen zuwiderlaufend, teilen selbst nordeuropäer ihren reiseproviant – in der hauptsache alkoholischen – mit fremden, und wer sich nicht mitteilt, kommuniziert nonverbal mit seinem vis-à-vis oder nachbar). und nichts stimuliert die erotische phantasie so sehr wie das reisen: sei es der als aufforderung gedeutete blick einer schönen, sei es das körperliche gefühl – das beständige sanfte vibrieren – des sich fortbewegens: die erregung vermag so unerträglich zu werden, daß man sich einfach erlösen muß...

bis hierhin bestünden nur graduelle unterschiede zwischen dem reisen und dem fest, wo man in einer provisorischen, temporären einheit die entfesselung, die kommunikation sucht. die reale ortsveränderung wäre identisch mit der ekstasis und dem rausch: dem reisen an ort und stelle...

wenn sich die skizzierten anormalen verhaltensweisen der reisenden nicht auch als angstprophylaxe deuten ließen: trennungsängste (welche verhältnisse finde ich zu hause nach der reise vor?), erwartungsängste (wie nimmt

mich der gastgeber oder die fremde stadt auf?), angst vor dem unbekannten, angst angesichts der ungewißheit oder gar todesangst? panik vor den mitreisenden? platzangst? reue und vorzeitiges heimweh? tödliche langeweile?
bei aller minimalisierung der realen risiken des reisens – der tödliche unfall ist nahezu das unwahrscheinliche – kommt doch eine latente furcht ins spiel, die sich in verhaltensweisen ausdrückt, die menschen üblicherweise in extremsituationen annehmen. dem gewöhnlichen kreislauf entzogen …
könnte es sich im grunde nicht jedesmal um die angst handeln, frei zu sein, außer sich geraten zu können?
wünsche, ängste: ich steige in einen zug wie ich mich in den tumult eines festes stürze – nackter denn je, nur von dem wunsch getrieben, noch mehr herauszutreten aus mir und mich zu verlieren.
reisezeit ist ekstase, zeit des festes.* der entfernung vom ausgangsort entspricht die entfer-

* ich spreche nur vor mir, der hier wie dort angst, gelächter, tränen, wollust kennengelernt hat – selbstverständlich auch unerfreuliche situationen. mag sein, daß rationellere beförderungsmethoden derartige erfahrungen verunmöglichen werden. die automobilisierung war nur die sichtbarste form der «monadisierung».

nung vom ‹ich›, das heißt vom klischee, von der rolle und der routine. wer hat sich nicht schon einmal geschworen abzureisen, als er sein leben ändern (oder davonlaufen) wollte? dabei ist der entschluß, die angstvermischte vorfreude: das reisen wichtiger als das ziel.

*

von todesähnlichen erfahrungen sprach er
wie von alltäglichen begebenheiten
unter opium am rande des abgrunds seinem sturz zusehen und keine stimme haben zum schreien
extreme angst, die ihn auf ein hilfloses nichts reduzierte
ein minutenlanger hustenanfall, bei dem er unter furchtbaren, jaulenden geräuschen krampfhaft die luft – das leben – einsog
jede gleichgewichtsstörung, jede krankheit sei immer die schlimmste für den, den es betreffe

*

was sind rausch, ekstase, wahn eigentlich? defizit-zustände oder intensivere, kreativere? sucht der mensch das nirwana, die kleinen agonien im rausch und im orgasmus – oder eine steigerung seines lebensgefühls, die überschreitung des normalzustands? das äquilibrium oder die raserei? vielleicht eine gefühls-

lage, in der diese unterscheidungen nicht mehr gelten...
alle black-box-experimente von janet bis lilly scheinen beide hypothesen zu bestätigen: der mensch will die extinktion des bewußtseins, die «sensorische autodeprivation» nicht weniger wie den rausch, die lust, und es ist paradoxerweise möglich, die lust als ver-lust-zustand zu beschreiben.
bleibt immer noch die frage, in welchem maße die gemessenen black-box-räusche den authentischen, nicht-experimentellen euphorien entsprechen.
anders gefragt: kann man über sinnliches glück, die ekstase *sprechen,* ohne sie zu reduzieren?

*

eine exakte analyse der machtverteilung und der grenzen ihrer umkehrbarkeit wäre die prämisse, um die sadesche welt von der rassistischen zu scheiden.
das verhältnis opfer–henker ist ein so einseitiges wie vertragsloses: das leben des opfers liegt ganz in der hand des chauvinisten, der den interessen der macht dient.
das verhältnis prostituierte–klient ist nicht minder einseitig, aber durch den allgemeinen moralkodex – gleichsam vertraglich – beschränkt: sucht die prostituierte den profit, so

der klient seine lust – die nicht zuletzt vor dem leben des objekts seiner wollust halt machen muß.
das verhältnis opfer–libertin kennzeichnet einen «vertrag», der bindend nur für den letzteren ist: die wechselseitige unumschränkte verfügbarkeit ist in den statuten der ‹gesellschaft der freunde des verbrechens› festgeschrieben, gilt aber nur inter pares. auch hier kann der libertin über leben und tod seines lustobjekts entscheiden, je nach der momentanen tendenz seiner begierde ... ist es nicht die, einmal über lust und schmerz, leben und tod «souverän» verfügen zu können?
die ironie will, daß die neuzeitliche rechtsprechung in unserer hemisphäre die *leidenschaft* nicht mehr, sades forderung konform, mit dem tode bestraft. das verbrechen aus leidenschaft wird mit irrenhaus geahndet. so deutet man die exzesse der leidenschaft als wahnsinn und bestraft den letzteren (bzw. die destruktiven wirkungen der leidenschaft). die leidenschaft selbst entzieht sich der vernunft der gerichtsbarkeit, sie bleibt folglich *sacer*.

*

schon einmal einen lebenden selbstmörder gesehen?
herr ungeliebt, verzage nicht: madame la-

mortl'amour hängt sehr an dir, ihres sieges gewiß

*

wenn ich das fieber – meine hölle – artikuliert habe, dann bedarf es keiner verbesserungen mehr, dann kann jede zeile die letzte sein.

*

«die pronomen! das sind die läuse der gedanken. wenn das denken läuse hat, dann kratzt sich's wie alle, die läuse haben... und unter den nägeln... da findet man dann die pronomen... die persönlichen fürwörter...»
(gadda. *die erkenntnis des schmerzes,* 1963)
mein rezept wäre die katharsis durch logorrhöe: sich der überproduktion der vernunft heftig entledigen. wenn aber, wie artaud vermutete, gott diese laus wäre?

*

«...der schritt des grolls ist unfruchtbarer gang, holde bilder zu verneinen bedeutet, zu oft nur, sich selbst verneinen. auf die heilige kraft des urteils zu pochen bedeutet, zu oft nur, das mögliche zerreißen...» (gadda)
hybris: reden, selbstmord
souveränität: schweigen

*

täusche dich nicht: sehr viel mehr deiner mitmenschen werden vom gedanken ihres todes heimgesucht, als es scheint.
«man lebt nur einmal» lautet das der flucht entsprechende proverb, das alle brutalitäten, alle egoismen decken soll.
aber selbst das vor der schlange erstarrende kaninchen «hofft», von *ihm* nicht entdeckt zu werden: es flieht, indem es sich totstellt...
die intransigenz, die kühnheit mancher greise wäre als todesmut zu deuten: der vertraute umgang mit dem tod macht wagemutig.
allgemeiner: je weniger ich zu verlieren habe, desto mehr kann ich riskieren, einsetzen.
die beschränkte ökonomie kam unter dem diktat des todesbewußtseins zustande.

*

indem der staat bestimmte drogen – auf die er kein monopol hat – nicht legalisiert, setzt er, um eines moralischen prinzips willen, bewußt die junkies dem risiko eines unfreiwilligen todes aus. er ist also zutiefst unmoralisch. im hintergrund der euthanasiegedanke...
(seit den zwanziger jahren verbietet man hochpotente rauschmittel, die auch vor ihrer prohibition kein volks-stimulans waren. die berüchtigte gefahr für die gesellschaft, die diese substanzen darstellen sollen, ist zweifellos nicht

mehr als eine virtuelle: man möchte sich mit verboten vor der möglichkeit schützen, selbst in versuchung zu geraten. welches gesetz ist nicht der projektion der eigenen ängste/wünsche auf die anderen entsprungen?
in jedem falle maßen die gesetzgeber sich an, auf einem gebiet entscheidungen zu treffen, das weitgehend unerforscht ist.)

*

für ein neues «wörterbuch der gemeinplätze»:
posthistoire: ein mythos, nichts als ein gerücht!

*

der *ich*besessene erleidet als stumpfsinnigkeit (verlust des ichgefühls), was *kommunikation* ist

erste notizen

> da man den sinn (die lücke) nicht hat, hat man den wahn, einen sinn zu haben, erfreulicheren falls. man ist also inkurabel wahnsinnig.
>
> *w. serner*

lektüre georges batailles während der niederschrift der *expérience intérieure:*

st. johannes vom kreuz
meister eckehart
heidegger
st. ignatius von loyola
dionysios areiopagites
therese von avila
kierkegaard
descartes
hegel
angèle de foligno
laure

de sade
william blake
nietzsche
dostojewski
maurice blanchot
proust
kafka
rimbaud
gogol
stendhal
goethe

*

die »unwissenheit um die zukunft« vereint die *expérience intérieure* mit den *lettres de rodez* von artaud: sie treibt dazu an, absurd, sich restlos auszugeben. krieg dem inneren wie äußeren terror.

*

batailles beiträge für den *nouveau dictionnaire de sexologie:*

gilles de rais
erzsébeth báthory
william heirens

jean genet
pierre klossowski
jean douassot

*

»... das wissen ist untrennbar von der ekstase, der ekstase der angst vor dem nichtwissen. ebenso ist die freude mit dem schmerz verflochten, die scham mit der obszönität«. man muß die extasis wörtlich nehmen: außersichsein. den nabel zu einer blutfontäne machen.

*

topographie des exzesses:

der vulkan	die kirche
die corrida	der friedhof
das schloß	der abort

*

»ist mein verständnis nur blindheit gegen mein eigenes unverständnis? oft scheint es mir so. wie, wenn etwas wirklich unerhörtes geschähe? wenn ich etwa sähe, wie häuser sich nach und nach ohne offenbare ursache in dampf verwandelten; wenn das vieh auf der wiese auf den köpfen stünde, lachte und **verständliche worte** redete« (wittgenstein, *über gewißheit*). was wichtig ist: wenn man einmal zum maßstab seiner eigenen beobachtungen geworden ist, kann man ihn auch wieder annihilieren (ohne schrecken), denn man vermag gleichzeitig viele andere zu produzieren – auch solche, die sich anscheinend gegenseitig ausschließen.
entscheidend ist eben der so gewonnene spielraum: »was die dinge charakterisiert, ist, daß sie absolut keine gesetzmäßigkeiten haben ...« konnte artaud 1947 behaupten.

*

»elisabeth putzte sich ihrem gemahl zu gefallen in ungemeinem grade und brachte halbe tage bei ihrer toilette zu. einstmals versah eines ihrer kammermädchen etwas an dem kopfputz und bekam für das versehen eine so derbe ohrfeige, daß das blut auf das gesicht der gebieterin spritzte. als diese die blutstropfen von ihrem gesichte abwischte, schien ihr die haut auf dieser stelle viel schöner, weißer und feiner zu sein. sie faßte sogleich den entschluß, ihr gesicht, ja ihren ganzen leib in menschlichem blute zu baden, um dadurch ihre schönheit zu erhöhen. zwei alte weiber und ein gewisser fitzko unterstützten sie bei diesem vorhaben. dieser wütherich tödtete gewöhnlich die unglücklichen schlachtopfer und die alten weiber faßten dann das blut auf, in welchem sich dann elisabeth in einem troge um 4 uhr morgens zu baden pflegte. nach dem bade kam sie sich immer schöner vor. sie brachte nach und nach 650 mädchen ums leben, theils in tscheita (in der neutraer gespannschaft), wo sie einen eigens dazu eingerichteten keller hatte, theils an anderen orten, denn das morden und blutvergießen war ihr zum bedürfnis geworden« (michael wagner, *beiträge z. philosophischen anthropologie* II, wien 1796).

*

»die angst ist dasselbe wie das verlangen«. bataille/novalis: »alle schranken sind bloß des übersteigens wegen da – und so fort; halbe krankheit ist übel – ganze krankheit ist lust – und zwar höhere«.

*

gestalten der souveränität:

trunkenheit	ekstase
erotische verströmung	lachen
poetische verströmung	absurdität
verströmung des opfers	gegenseitiger haß
heroisches verhalten	

*

über *l'expérience intérieure:* »ich lehre die kunst, die angst in wonne zu verkehren, zu ›verherrlichen‹: der ganze sinn dieses buches«.
glück = koinzidenz von leben und tod (orgasmus, ekstase, lachen, weinen). die einbeziehung des todes (stimulierendes risiko?) verringert in unserer kultur die attraktivität des bataillschen denkens. er sah das wohl: »es gibt keine leser, die in sich das zeug hätten, meine zerrüttung herbeizuführen«.

*

der ›blutigen gräfin‹, erzsébeth bzw. elisabeth báthory, wurde im jahre 1611 der prozeß gemacht. die enthüllungen während ihrer vernehmung betrachtet bataille als so entsetzlich, daß er sie für geeignet befindet, anderen das bewußtsein für das zu öffnen, was der mensch wirklich sei. zu den torturen der báthory, die diese vornehmlich an jungen mädchen verüben ließ, gehörten das abschneiden der finger mit der schere, das abziehen der haut von schenkeln und brüsten, ferner verbrennungen, die den opfern an händen und füßen mittels glühendem eisen beigebracht wurden. die penrose berichtet, die báthory habe den mädchen auch ein ölpapier ins geschlecht gesteckt, das sie von einer helferin anzünden ließ – sofern man dazu sich nicht gleich einer kerzenflamme bediente. ein hufschmied stellte der gräfin einen apparat her, der das blut fließen lassen sollte: er bestand aus einem zylindrischen käfig, hergestellt aus scharfen metallklingen, welche von ringen zusammengehalten wurden. in das innere dieses käfigs sperrte man eine bediente – nackt – ein; wenn die báthory unter dem apparat saß, reizte eine komplizin das opfer: mit jeder bewegung, die das mädchen im käfig ausführte, um den externen angriffen auszuweichen, wuchsen die blutströme an, die die báthory überschwemmten. sie badete im blut.

*

»die freiheit ist nichts, wenn sie nicht darin besteht, am rande jener grenzen zu leben, wo sich jedes verständnis zersetzt«. lebte g. b. in diesen grenzbereichen, atmete er diese freiheit? die unangemessenheit einer derartigen fragestellung wird deutlich, wenn man verlangte, daß derjenige, der über den wahnsinn befindet, selbst auch verrückt zu sein habe.
»ginge die philosophie von der grundlage der arbeit und des verbots () zur transgression über, wäre sie nicht mehr, was sie ist, sondern würde sich selbst verspotten« (schlußkapitel zu *l'érotisme*). filosofie, literatur, müssen wieder zu einer echten gefahr werden. alles gesicherte, evidente denunzieren, niemals etwas ›fertiges‹ machen.

*

heterologie heißt, für ein qualitätskontinuum einer ulkigen welt, einer nackten frau und der qual zu stimmen.

*

»ekstase/ eros/ kampf: sich auflösen wollen
beruhigung/ ruhe: leben können
solange wir noch sterben, brauchen wir den tod« (konrad bayer, *tagebuch 1963*).

*

steht batailles einschätzung der sprache in kontradiktion zu seiner praxis?
»im gegensatz zu dem, was man gewöhnlich annimmt, ist sprache nicht kommunikation, sondern ihre negation ...; ich kann ein wesen nicht als frei betrachten, das nicht das verlangen hat, in sich die bande der sprache zu durchtrennen; die unversöhnlichsten bewegungen des seins – der maßlose exzeß – können in der kohärenten entwicklung einer rede nicht erfaßt werden; die überschreitung zur grundlage der philosophie machen ... heißt, die sprache durch eine schweigende versenkung ersetzen. () wäre der gipfel zugänglich, wenn die rede den zugang nicht erschlossen hätte? aber die sprache, die ihn beschrieb, hat im entscheidenden *augenblick* keinen sinn mehr, wenn die überschreitung selbst, als bewegung, an die stelle der diskursiven darstellung der überschreitung tritt ...«
die sprache verliert aber gerade *vor* dem »gipfel«, dem ekstatischen moment, ihren sinn. der gipfel wird allenfalls noch durch eine art

sprachmagie zugänglich, sofern die rede sich auf ihre rein suggestiven quellen beschränkt:
externe suggestion (artauds geräusch-theater), auto-suggestion (reden als atemtechnik, lesen als ein pulverisieren der bedeutung: bis zum sinn(es)verlust).

*

man kann den körper ohne organe nur reduktionistisch mit entleerung gleichsetzen. statt den zu eng gewordenen anzug auszubauen oder das wünschen/verlangen ihm anzupassen, sich seiner organe entledigen, ihn rekonstruieren am ort seiner produktion: das blutumspülte skelett.

*

»ich werde durch einen dringlichen tod stigmatisiert, wo der wirkliche tod für mich ohne schrecken ist« (artaud, *fragmente eines höllentagebuchs*).

*

apropos ›der intellektuelle und die revolution‹: »der überfluß, die verausgabung, das opfer, sind für ihn (bataille) vorwände, um die ateleologische mutation des soziohistorischen prozesses denken zu können« (julia kristeva, bataille, *l'expérience et la pratique*).

*

»was wären wir ohne die sprache? sie hat uns zu dem gemacht, was wir sind. nur sie offenbart uns an der grenze den souveränen moment, in dem sie nicht mehr gilt. () in diesem augenblick tiefer stille – in diesem todes-augenblick – offenbart sich die einheit des seins in der intensität der erfahrungen, und in dieser intensität löst sich die wahrheit vom leben und seinen objekten los.« artaud hat die nacht des todes mit blitzen erleuchtet; der fortwährend hereinbrechenden illusionen der welt des bewußtseins erwehrt er sich mit schreien und gesten. der organlose körper sprüht wortpartikel, schnauft, spuckt, niest, hustet, scheißt, geht gegen den symbolischen organismus wie gegen die organisation vor.

*

»aber wer spricht, gesteht schließlich seine ohnmacht ein« (bataille, *l'érotisme).*
[herbst 1976]

... ich plädiere dafür, die wunde offen zu halten (weil ich sie selbst bin, diese wunde?), mir bewußt, welche risiken dies birgt.

*

man kann die »innere erfahrung« zu den zwei maximen des sokrates komprimieren: erkennne dich selbst! (der prozeß) – das einzige, was ich weiß, ist, daß ich nichts weiß (nichtwissen als leeres ›resultat‹ der inneren erfahrung).

*

alles in frage stellen heißt ja, meine eigenen grenzen (und begrenztheiten) in frage zu stellen.
die besten bedingungen hierfür sind diejenigen, die im alltagsleben gewöhnlich vermieden, kompensiert, gleich einer krankheit geheilt werden: konditionen, welche das körperliche wie intellektuelle (ekel schon beim wort) äquilibrium unterminieren (angst, schmerz, isolation etc.).
bataille bevorzugt deutlich gegenüber der passiv-rezeptiven meditation den weg des sich-ins-spiel-bringens: trunkenheit (das fest), erotik, das lachen, atemübungen; bilder, die das diskursive denken in unordnung bringen – also gestalten der verausgabung ((der buddhist dagegen steuert auf ein inneres vakuum zu)). darüber hinaus formen der *kommunikation,* deren sinn es ist, die grenzen des möglichen bis zum äußersten auszuloten (wobei man sie erweitert), seine partikularität zu überschreiten.
das bild des todes ist mit dem des sexuellen exzesses aus dem grunde im denken batailles so liiert, weil es im einen fall die absolute, im anderen die temporäre aufhebung des subjekts darstellt. »das wirkliche problem des lebens ist der tod« (artaud, 1927).
wichtig: niemals gilt das interesse des experimentierenden einem wunschobjekt selbst, sondern dessen jenseits, d. h. dem **nichts.** niemals auch wäre **befriedigung** ein ziel an sich; akkumulation von (lust-)gewinn käme einer entleerung gleich. (in analogie zur überstrapazierung des willens, das böse zu tun: sie annihilierte souveränität, wie bataille am fall von jean genet expliziert hat.) batailles begehren richtet sich auf die **wunde,** den bruch, auf den seiner integrität beraubten körper. es überschreitet ihn dabei.
((bataille ist dem surrealismus, dem surrealismus zu seiner geburtsstunde, nahe. allerdings bewegt sich letzterer im krebsgang ›vorwärts‹, regrediert.))

*

bataille gesteht sich aber auch den ›toten punkt‹ bei jeglicher kommunikation, jeglicher verausgabung ein: das zwingt ihn zur einbeziehung des elementes ›chance‹. notwendigkeit der chance, um es dem menschen zu gewähren, bis an den rand des möglichen gehen und diesen exzessiven zustand aushalten zu können.
aber woher die nötigen energien beziehen, wenn nicht aus sich selbst? (atheismus einmal vorausgesetzt.) bleibt das binäre homöostase-modell: versuchen, energien aus der umgebung zu gewinnen, kommunizieren (die sakrale bedeutung dieses wortes gilt solange, wie gewisse formen der kommunikation diskriminiert werden. kommunikation bezeichnet ja nicht bloß eine anzahl von konventionen, denen die sprachteilnehmer verpflichtet sind, sie installiert zugleich eine für alle verbindliche transzendenz, ganz gleich, ob einem das bewußt ist oder nicht. jede gegenposition, ausgesprochener atheismus z. b., wird deshalb absurd, verbleibt im bereich von signifikant – signifikat. das komplement zur transgression heißt: sensibel gehandhabter opportunismus).

*

bataillles denken kann seine verwandtschaft mit dem christentum nicht leugnen. zwar erfindet er sich seinen eigenen gott (das foto eines gemarterten chinesen), doch er anerkennt ein jenseits des seins. der prozeß des infragestellens betrifft folglich ausschließlich die grenzen des seins, die *grenzen* des menschen. (dementsprechend kann sprachkritik nur bis an *die schranken* der äußeren form reichen, in welcher sie auftritt oder abgebildet wird; doch sogar hierfür bedarf es – um der logik willen – einer ›dritten‹ größe, des jeweils noch zu schaffenden terms, der hieroglyphe: ich muß ein ›jenseits der sprache‹ voraussetzen, um zeigen zu können, auf welchem nichts sie errichtet ist und ferner jene konsequenzen, die sich aus diesem ›nichts‹ ergeben. ich vergleiche *die funktion* der ›chance‹ mit der jenes ›dritten‹ terms, hilflosigkeiten wie ›universumstulp‹ oder ›körper ohne organe‹, die ja ohne zweifel eine grenze markieren, besser: eine bewegung auf die grenze zu, kein erreichbares ziel.)
was außerhalb dieser grenzen liegt, das unmögliche, erschließt sich mir nur im tod: »das einzige element, das die existenz in das universum einführt, ist der tod …« das subjekt wird seiner partikularität entledigt und tritt in »das freie spiel der welten« ein.
entgrenzt, ist der mensch **alles** … andererseits kein mensch mehr – sofern er sich durch seine möglichkeiten innerhalb bestimmter grenzen definiert –, also **nichts.**
nun ist aber das nichts nicht nichts, wenn ich es artikulieren kann, will sagen: hier erreicht die tauglichkeit von batailles terminologie ihre äußerste grenze.

*

bemerkenswert, in welchem maße batailles praxis der auto-alienation – der emanzipation von diesem »verzauberungseffekt« diskursiver sprache –, der »gefühlsathletik« von antonin artaud nahe ist.
man kann nicht genug auf den wert quasi archaischer ekstasetechniken hinweisen, die das sprechen seiner bedeutenden **funktion** entreißen, bei sprecher wie zuhörer körperlich etwas bewirken. ich habe den eindruck, als wollte auch bataille beweisen, daß die innere erfahrung (ohne mystizismus!) vor aller kommunikation kommt.
schon deshalb mündet jeder versuch, sie zu beschreiben, in einen tautologischen kurz-schluß ein: die innere erfahrung ist die innere erfahrung ... usf.
sie deckt sich übrigens mit dem idealfall von revolte:
1. aufstand wider die natur (diese natur, so bataille, kann der kapitalismus sein, der enteignete körper, die normative kommunikation etc.).
2. der analytische, ausgerichtete schritt (er muß notwendigerweise destruktiv sein). die daran anschließende dritte phase wendet sich gegen die richtung selbst. bataille führt nun als dritten schritt den übergang von der revolte zur revolution an, womit er seine theorie der verausgabung, der transgression korrumpierte. utilitarismus und das streben nach finalität sind vielleicht aus dem grunde uns so eingefleischt, da diese ›kopflose‹ revolte die gefahr der selbstdestruktion impliziert.

*

apropos »alaska« (danielle sarréra)
auf der linie der transgression befindet sich die negation einem haltepunkt gleich, wo man sich verhärtet, sich totstellt. der prozeß fährt fort, falls dem null-punkt eine art analyse folgt, und sei es nur eine motivation zum weitermachen: denn diese linie ist eine gerade, die weder anfang noch ende hat. transgression als endloser prozeß des überschreitens.
dieser prozeß hält – in analogie zum organlosen körper – wenigstens zwei gefahren bereit, was ihn so unpopulär macht: wahnsinn und suizid. das erstere risiko beschreibt exakt diesen prozeß, die gerade selbst (von risiko kann nur im zusammenhang mit dem *klinischen bild* des wahnsinns gesprochen werden). der suizid entspricht der unmöglichkeit, beim zustand ›null‹ sich eigene, neue depots erfinden zu können, auf welchen der prozeß die nächsten nullpunkte (leerstellen) durchstehen kann: bei totaler evakuierung des vollen körpers seitens des sozialkörpers ist das der fall; fast möchte ich sagen: unfähigkeit zum opportunismus, zur schauspielerei radikalisiert den empörer. nicht bloß, daß sich der destruktive – weil analytische – spaltungsprozeß gegen sein eigenes zentrum wendet, sondern die ganze maschine fällt aus (krebs). gibt sich der empörer dagegen durch sein verhalten zu erkennen, initiiert er da-

mit seine wiedereinsetzung zum signifikanten; ob hospitalisiert, konfiniert, tot oder nicht: einmal klassiert, wird er organisierbar, wird funktion, gehört dem sozialkörper an. –
den absoluten nullpunkt des selbstmordes führe ich auf die attraktion zurück, die gewisse illusionen auf die ruinen der identität ausüben, wenn man bereits extreme erfahrungen gemacht hat. das ausgelöschtsein verleitet dazu, in die gewünschte konstellation wieder einzutreten: wenigstens übermensch zu sein. in der *wiedereroberung des körpers* warnte ich vor flugversuchen – da wußte ich noch nicht, daß schwarzkoglers fenstersprung womöglich ein solcher versuch war.
den tod anhalten, sich mit ihm einlassen und dabei durch ihn hindurchgehen ...

*

in seinen briefen aus rodez schildert artaud ziemlich genau sämtliche örtlichkeiten in paris, von denen seiner ansicht nach die zaubereimanöver ausgehen, unter denen er leidet. unter anderem erwähnt er auch das marine-ministerium, über dem charles meryon eines tages schiffe, reiter, fische und seeschlangen in der luft fliegen sah; man sperrte ihn als geisteskranken ein, denn falls sich eine solche sehweise durchsetzte, bedeutete dies das »ende der herrschaft von wucherern, von profiteuren, von eingeweihten, einweihenden, schulfüchsen und anderen zuhältern eines fortwährend infantilisierten bewußtseins« (artaud).

*

jeder satz gesetz, bild, fluch, intoxikation. alles auf geistige abstinenz setzen, auf daß sich nichts mehr absetze, festsetze.
sinn und bedeutung kommen durch eine koagulation einer sinnlosen emulsion zustande, die zu verhindern man verpaßt hat.

*

im gegensatz zu franz kaltenbeck (»einwände gegen oswald wieners theorie von inhalt, sinn und bedeutung*«) ziehe ich aus dem ensemble von o. wieners skizzen zu einer theorie der kommunikation nicht den schluß, sie postulierten die wiedereinsetzung des »zentralen subjekts der psychologie«. was diesen *ein*druck erwecken mag, *aus*drücke wie »inneres modell« etc. ist m. e. eine rein didaktische notwendigkeit, zählt zur verbalsophistik, vergleichbar mit der »3., 4., 5. etc. wirklichkeit«.

* *manuskripte* 55 (1978)

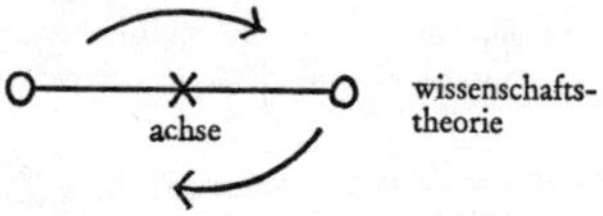

ich füge noch hinzu, daß es wohl weniger um die rettung des mit sich selbst identischen subjekts geht, als darum, gewisse als einschränkung empfundene dinge als **veränderbar** *darzustellen* – aus prinzip und bis zum paradox.
wissenschaftstheorie ähnelt einem windmesser: von zeit zu zeit wechselt man das raster des kurvenpapiers aus oder modifiziert das meßinstrument. mich interessiert der moment, wo man so einen apparat ausfahren wird, um bspw. envoûtements zu messen.
mir geht immer mehr die fähigkeit verloren, einen gegenstand zu akzeptieren, zu situieren. ein tiefes mißverhältnis zur sprache und ein dementsprechend verändertes wahrnehmen, das unkorrigiert geblieben ist, sich hält? anders gesagt: die inkongruenz zwischen meinen empfindungen und konventioneller sprache erschwert das verstehen.
da ich nicht glauben kann, daß dies eine genetische anomalie ist, muß ich den ursprung im prozeß der sozialisation vermuten, der seinerseits an sprachliche adaptationsleistungen gebunden ist. einzig lückenlose übereinstimmung zwischen bewußtsein und kommunikation wäre also der garant für unbezweifeltes verstehen, für identität schließlich, da sie ja eine funktion des verstehens und sich-verständlich-machens ist.
in diesem rahmen kann man von ›individualität des sinns‹ als der folge einer unvollständigen sozialisation sprechen, deren aufhebung bzw. reversibilität durch einen bewußten akt ich in *jede wahre sprache …* postuliert habe.
[winter 1976/77]

das gefühl, zwischen zwei gleichstrom-elektroden eingespannt zu sein. ähnelt der marter des zerreißens bei lebendigem leibe.

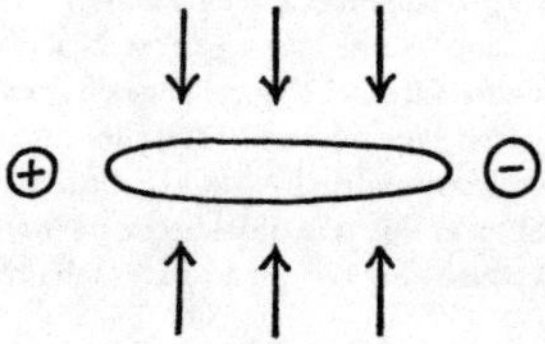

der innere motor arbeitet ebenfalls gegen mich. annihilierung.
schmerz ⇆ lust

*

was schwerwiegend ist, ist, wenn man bei vollem bewußtsein den eigenen verlust des beteiligtseins empfindet.
sich selbst zusehen: ekelhafte qual, weil das desinteresse an diesem ›ich-selbst‹ eigentlich stärker ist.
fraglich ist nicht bloß, ob ich empfindungen adäquat ausdrücken kann, es stellt sich auch die frage, *ob ich irgend etwas überhaupt empfinde.*
das sensorium scheint intakt, provoziert aber keine emotionen. **das ist das tote auge,** durch das man nach hinten hindurchsehen kann.
b. m. leidet wie ein tier, sagt nichts, hat kein denken mehr.

*

das zweite mal meinen eigenen tod erträumt.
in innerer wie äußerer nacht liege ich da und will um hilfe schreien, wobei ich mich bei dieser *unmöglichkeit* beobachte. ich mache mundbewegungen, schnappe nach luft, aber kein ton kommt hervor. aufwachen mit rasendem herzklopfen (wie das erste mal). vermutlich eine zwischenstufe von wachen-schlafen, die mit gewissen räuschen identisch sein muß. das eingehülltsein in seinen eigenen tod, der gleich wellen den körper überschwemmt (overdose, das schwarz als inwendiger und äußerer mantel, schwarz als einziger ›inhalt‹). kaum zweifel an der suggestibilität des sterbens oder nicht-sterbens, also **willensakt.** lust am sterben.
ich übersehe jetzt sehr deutlich den zustand meiner terme: sofern das wünschen und verlangen, das streben nach lust die funktion eines motors hat, so läuft der meine leer (man rays zahnräder, die nicht ineinander greifen); wenn sich der wunsch an kein objekt anklammern kann … verwandelt er sich voraussichtlich in destruktivität, aggression: der motor schreitet zur demontage seiner selbst. der filosofische standpunkt – mag er nun skeptizismus, fatalismus, irrationalismus, relativismus etc. heißen –, also die kontemplation, ist letzten endes als glaube entlarvbar (wie im taoismus z. b. das angestrengte nicht-denken von gegensätzen). er bedarf eines tragenden fundaments, dessen elektion eine selbstbeschränkung darstellt, er ist mir, kurz gesagt, nicht möglich.

> engagement, passion u. ä. beinhalten ein überzeugtsein, ein überwältigtsein von der wahrheit, vom ›sinn‹ einer sache, verstehen oder erkennen genannt. praktische vernunft, rationale erkenntnis, die nicht notwendigerweise fantasiefeindlich sein muß, wird bedauerlicherweise oft von ihrer schwester, der nicht-anwendbarkeit im leben, begleitet. unsere denker brin-

gen nun die sinnlichkeit ins spiel, errichten tätige erkenntnis auf liebe: erkenntnisqualität, mit der es sich leben ließe, die den binarismus sozusagen suspendierte. fusionen, aufhebungen oder alternative lösungen sind in meinen augen nicht mehr als ein stehenbleiben in der aristotelischen logik. man übersieht dabei, daß *passion* auch *leiden* bedeutet, sinnloser schmerz. und man will weder schmerz noch etwas sinnloses, noch frustrationen. batailles »let it bleed« sagt ja nicht nur aus, daß die glückliche aufhebung der partikularität mit einem sich-verströmen, einem sich-öffnen beginnt, sondern auch, daß es hierzu einer wunde bedarf, einer art initiation und deren vorgeschmack des todes. alles schmerzhafte ist aber in mißkredit geraten – vom bumtrip bis hin zum wahnsinn: unermeßliche sedierung jener intensitäten, die womöglich sprengend in die artifiziell stabilisierten zustände eingreifen könnten. die engen, dem bewußtsein vorgeschriebenen pfade werden nicht verlassen, sondern kultiviert.

die ephemeren köder (geltung, status, gewinn jeder art) als ballast verworfen, bleiben mir jene momentsekundenaugenblicke des glücks zur motivation der fortsetzung der suche. um diese winzigkeit wußte ich übrigens schon früher; man läßt sich jedoch erneut täuschen, vielleicht sogar mit freude, vergißt die einst erreichten gipfel, weil man sie für illusionen gehalten, für zu unscheinbar befunden hatte. doch ein handfesteres, dauerhafteres glücksgefühl als eben dieses verschwinden des bewußtseins von sich selbst ... gibt es wohl nicht. das klingt sehr egoistisch, aber man komme mir nicht mit den naiven anstrengungen, dem leben einen sinn zu unterstellen. »wenn schon keine revolution und keine utopien, so doch wenigstens das fliegen vorbereiten, das wir selbst niemals erreichen werden«. wie selbstlos. daß ich nicht lache! und all die herrlichen nutzlosen schulen für masochisten: die einsamkeit, die meditation, das schweigen, das fasten, die kontemplation, sämtliche fraktionen der askese, deren raffinierteste die ekstase ist (ohne askese kein exzeß). ja, ich schreibe auch *gegen* mich.

warum also schreiben? sagen, daß man nichts ist und deshalb leidet, unter einem bewußtsein leidet, welches das unmögliche will? gerade das fragen nach dem warum, wie und weshalb habe ich so satt. doch wie die myriaden von fragen loswerden, die auf mich einstürmen und mich verfolgen. sich von ihnen zu emanzipieren hieße, einen neger durch waschen zu einem weißen machen zu wollen. andererseits ist man tot, wenn das fragen aufhört, sobald man aufgehört hat, sich fragen zu stellen. totgeschlagen das wünschen. (fragenstellen: wünsche produzieren.)

das **eine** wie das **ende** nicht mehr zum gegenstand der betrachtung machen setzt eine basis voraus, und diese wiederum glauben oder wenig-

stens vertrauen in ihre tragfähigkeit; also neuerlich transzendenz – ob das den rhizomatikern* nun paßt oder nicht (alle revolutionären prozesse führen solche regressiven elemente mit sich). denn: *erfahrungsgemäß* verträgt jene basis »n–1« keine modifikationen, keine kritik. die auf ihr niedergelassenen zementieren im gegenteil dieses plateau, schirmen es in zunehmendem maße ab.
was also sagen? daß es nur die perspektive(n) gibt, die man sich selbst in gestalt diesseitiger transzendenzen konstruiert, indem man die sinnlosigkeit auf später verschiebt? schreiben, daß mir alles versagt, unmöglich ist, daß ich an mir sterbe, daß es schmerzvoll ist und – wie banal – zum tode führt.
nicht mehr spielen mit der beschleunigung, das messer sicher führen. jetzt weiß ich, wie das ist: die hände und arme abgeschnitten, lebendiger stumpf, halbtot sein, die augen gestorben. weniger als tot ist bloß quälend, unerträglich auf lange sicht.
kunst beginnt, wo das leben endet? (soutter)

*

der satz »ich verstehe dich, aber nicht so, wie du es wünschst« ist der sophistischen distinktion zwischen denotativer und konnotativer bedeutung verpflichtet. wer eine derartige aussage macht, behauptet ja meine intention verstanden, ›durchschaut‹ zu haben – was m. e. niemals möglich sein kann –, und dieses verstehen ist vielleicht eher ein mißverständnis. der hörer hat verstehen mit affirmation gleichgesetzt. der satz, indem er sich über die parameter des verstehens dessen, der ihn ausspricht, ausschweigt, *urteilt* ganz einfach über den sinn meiner aussage, der als bekannt vorausgesetzt wird. umgekehrt beinhaltet in einem bestimmten kontext der satz »das kannst du nicht verstehen!« die behauptung, daß man um das negative *urteil* des hörers (über einen gegenstand) wisse. er berührt jedoch das eigentliche verstehen keinesfalls. kann der hörer trotzdem ›verstanden‹ haben, wenn er den zur debatte stehenden gegenstand mißbilligt? wenn verstehen – wie gewöhnlich – als einverständnis definiert wird, dann ist dies nicht der fall. nichtverstehen drückt sich folglich in form analytischer, interpretierender usw. sätze aus.
unüberprüfbar bleibt, ob ich verstanden worden bin. kommunikativ ist allenfalls eine verständigung über den sinn, ein sich-absprechen möglich. verstehen ist etwas anderes.
die frage nach dem verstehen stellt sich vor allem auch dort, wo es nichts zu verstehen gibt.

* deleuze, g./guattari, f., *rhizome*, paris 1976.

der satz müßte lauten: wir können einander niemals verstehen (wohl aber uns ›verständigen‹), weil die sprache das verständnis verhindert.

*

»... könnte krankheit nicht ein mittel höherer synthesis sein? – je fürchterlicher der schmerz, desto höher die darin verborgene lust ...« das verhältnis von novalis zu sophie mit dem von bataille zu laure vergleichen, die sie verbindende ›nekrophilie« untersuchen, das »romantische« des surrealismus, d. h. dessen arbeit im innern des körpers.
bretons religion der liebe ist idealistisch, harmonisch, aseptisch und infantil, die von bataille (und mit einschränkungen auch die von artaud) surrealistisch, exkrementös, mit einer atmosphäre von kampf, aderlaß und exitus.
zölibatäre maschinen sind marterinstrumente von und für schreibwütige autisten.

*

wenn man nicht mehr weiter weiß, fiktionalisiert man die sog. wirklichkeit (»wir sind noch nicht auf der welt«). verlust der kommunikation, emanzipation des bewußtseins oder: sein eigener vater-mutter werden. der plan einer veränderung ›von innen‹ hat nichts avantgardistisches oder elitäres. die unzufriedenen werden die ihnen nützlichen werkzeugkisten zu finden wissen, sie werden es verstehen, die werkzeuge zu handhaben und neue zu erfinden. das anwachsen ihrer zahl ist zweifellos nur die sorge des staates. gegen unberechenbar gewordene menschen ist er ohnmächtig.

*

»der tod verrät in der tat den betrug der wirklichkeit.() die ordnung der wirklichkeit weist weniger die verneinung der wirklichkeit – die der tod ist – zurück, als die affirmation des inneren, immanenten lebens, dessen maßlose gewalt für die stabilität der dinge eine gefahr ist, und die nur im tod vollständig enthüllt wird« (bataille, *théorie de la religion*, 1948).

*

»wir erleben die effektive übertragung allen lebens zu gunsten eines schmutzigen, kleinen, fiktiven, individuellen universums ... der intellektuelle inhalt der toxikomanen: inexistenter inhalt. nichts. hochstapelei ... drogen zu nehmen ist nicht lyrisch. es ist ganz einfach jämmerlich« – so louis aragons tiraden gegen jeglichen eskapismus in seinem *traité du style* aus dem jahre 1928. man würde ihm den applaus nicht versagen, wüßte man nicht, daß derselbe mann später schriftsteller wie pierre guyotat verfolgte. hält man die biographien der eskapisten gegen die der wirklichkeitsfetischisten (engagiert, pragmatisch, doktrinär und letzten endes etabliert), ermöglicht das allein ein urteil auf moralischer ebene. zu bedenken wäre vor allem, ob es nicht so etwas wie flucht in die wirklichkeit gibt.

*

der vorwurf, der an suizidwillige ergeht, doch endlich etwas für die erfüllung ihrer wünsche zu tun, um ihre umwelt nicht mehr länger zu irritieren und zu terrorisieren.
wer ist hier der faschist?
die therapeutik – geübt sowohl von freunden als auch von feinden –, die durch verallgemeinerung die ›besondere natur‹ eines leidens leugnen will, damit den leidenden an den mauern der verzweiflung aufklatschen läßt.
therapeuten, ungerufene helfer sind durchweg krude, hören nicht zu, sie haben nichts begriffen. verkappte sadisten aus eifersucht.

*

unter dem titel *ende der christlichen ära – geburt des dritten menschen* schrieb in den 40er jahren roger gilbert-lecomte von der notwendigkeit einer »metamorphose des menschen: transformierung/umkehr – wende – totale subversion/ revolution – aufhebung – transmutation und auferstehung aller menschlichen werte, ordnungen, institutionen, weltanschauungen, kultur, zivilisation, glaube, ideal, empfindungen, moral, ästhetik./ totaler umsturz des menschlichen lebens«. ein anderer atheologischer vorläufer aus dieser zeit: artaud forderte in seinen mexikovorträgen wie in *le théâtre et son double* die wiedereinsetzung des ›heiligen‹, des mysteriösen und geheimnisvollen.
n. o. browns buch *love's body* (new york 1966, dt.: münchen 1977) wirkt allein deshalb schon wie ein atavismus.

»der geist weiß weder ein noch aus«: reine rhetorik trifft man überall dort, wo einer von katastrophalen bedingungen redet, um damit empfänglich zu machen für die neue ›message‹ und überdies ihr auftreten zu rechtfertigen. selbst die professionellen gurus sind da bescheidener, wenn es darum geht, die notwendigkeit ihrer methode zu akzentuieren. dichtung unterscheidet sich unter anderem vom mystizismus eines n. o. brown in der bescheidenheit ihrer ansprüche auf allgemeingültigkeit, -interesse usf. ist es das authentische moment, das artauds »revolutio-

näre botschaften« oder die didaktischen berichte eines castaneda glaubwürdiger machen? marginalien zur und exzerpte aus der geisteswissenschaftlichen literatur von der antike bis heute, thematisch klassiert, aphorismen genannt: akkumulation totgedruckten wissens, ein buchkörper, ein leichnam mit namen *love's body*. »... das wissen wieder fleischlich machen, nicht deduktiv, sondern unmittelbar durch wahrnehmung oder sinne; die körperlichen sinne« (p. 196). es hätte sich gelohnt, sich über wahrnehmung und das unmittelbare, körperliche an ihr gedanken zu machen. **sprachkritik** erschöpft sich in sentenzen wie ›vom buchstaben zum geist‹ (mit phallischen und feurigen attributen) – überhaupt nimmt der geist in einem buch, das dem sprachlosen körper gewidmet sein soll, eine beträchtliche stellung ein, aber brown interessiert ja ausschließlich der *mystische körper*, in welchem alle eins in jesus christus (p. 98) sind. der aphorismus ist keine echte alternative zum rationalen, logischen diskurstyp; ihn »die form der ewigkeit« (p. 205) nennen, das ist geschmacksache, um nicht zu sagen: naiv.
der sozius »die psychoanalyse zeigt, daß die sexuelle organisation des physischen leibes eine politische organisation ist; der körper ist ein politischer körper« (p. 116).
phallozentrismus brüderlichkeit, bündnis (teilung der macht), interdependenz versus herrschaft, monopol, gleichstellung, unterordnung und unumschränktes selbstgenügen des patriarchen. bezeichnend, daß n. o. brown der schwesternschaft überhaupt keine aufmerksamkeit schenkt, da er ja – gemäß der bibel – die frau als derivat des mannes beschreibt.
betrachtet man die situation des anthropos unter dem aspekt seiner ödipalisierung, muß berücksichtigt werden, daß von ihr tochter wie sohn, bruder wie schwester betroffen sind.
die **finalität** der sogenannten »endlust« entwertet die vorgebrachte kritik am primat der partialtriebe (p. 119, 126). ohne »endlust« gibt es bei brown nichts anderes als in arbeit investierte libido, kastration (partielle opferung), »sublimierter koitus« oder »masturbation« (p. 70).
reaktionär erscheint mir auch das festhalten an der **reproduktiven funktion der sexualität:** »die ehe verbindet eros und thanatos, liebe und zwist« (p. 30); »jeder koitus wiederholt den sündenfall, bringt tod und geburt in die welt« (p. 52); »... in diesem feuer bringen die götter den samen dar. aus dieser darbringung entsteht der fötus« (p. 158). unfruchtbarkeit eine perversion?
symbolbewußtsein, symbolik als »polymorphe perversion« definiert – also eine solche, aseptische, die keinem weh tut. universale symbolik versucht in einem fest der archetypen die toten wiederzubeleben.
reduktionismus, mystischer synkretismus »geburt, paarung und tod gleichgesetzt« (p. 51). browns spinozismus fusioniert die alten paare

eros und thanatos, yin und yang, das »trennende« und das »erfassende« zu einer einzigen substanz: alles ist prozeß, intensität, bewegung, wandlung. alles handeln sei destruktiv oder wenigstens umwandelnd (p. 139); jenes amalgam aus heraklit und hegel wird wenig später von einer attacke wider ein »bewußtsein, das von der verneinung beherrscht ist, das heißt vom todestrieb« (p. 221) abgelöst: konversion in ein und demselben werk.

regression, reaktion n. o. brown nennt den schlaf »regressiv« (p. 50), sein eigenes vorgehen nimmt stets zuflucht zur freudschen urszene, zu ödipus und kastration: »die lösung des kastrationskomplexes ist genitalorganisation. genitalorganisation ist aber die grundsätzliche gleichung von *körper (selbst)* und *penis«* (p. 65). reterritorialisierung: zurück zu einer früheren identität, zu einer verlorenen **einheit,** zu einem »verlorene(n) kontinent« (p. 79), »die **einheit** von leben und tod als feuer« (p. 157). konstitutiv für krieg, selbst, feinde seien die mechanismen von introjektion und projektion (p. 134), andererseits soll »die versöhnung der gegensätze ... auf dem schlachtfeld« (p. 159) geschehen. da es bei brown nichts als synthesen, vereinigungen sowie vereinheitlichungen, reduktionen auf das **eine, ganze** gibt, erlebt auch hier der mythos vom hermaphroditen reprisen. was ich als mystischen reduktionismus (vergleichbar dem ideologischen) bezeichnen würde, heißt in n. o. browns terminologie **mystische partizipation:** »selbst und nichtselbst werden im augenblick der erfahrung miteinander identifiziert« (p. 111) – »die lösung des kriegsproblems im abendmahl, mit der transsubstantiation« (p. 154).

die kritik des utilitarismus, der senilen und senatorenhaften akademischen orthodoxie, die kritik am subjekt-objekt-dualismus, an der entweder-oder-dialektik, am buchstabenglauben, an der distanz-dualismus-konzeption wendet sich summarisch **gegen das realitätsprinzip.** »wahrnehmung wird ebenso wie politik durch stellvertretende institutionen vermittelt« (p. 111) – rolle der sprache?

»›animismus, magie und allmacht der gedanken‹ – das kind, der wilde und der neurotiker haben recht« (p. 135) – dreifaltigkeit überall, selbst die **revolution** ist ›permanent, spontan oder gnadenvoll‹. politischer und poetischer akt seien identisch miteinander: ohne daß man erfahren würde worin, bleibt die frage offen, ob das eine wunschvorstellung des autors ist.

souveränität »freiheit, symbolisch verstanden, entsteht durch die fähigkeit, verlust zu erfahren. weisheit ist trauern; selig sind die, die trauern« (p. 226). konkrete freiheit stellt sich folglich als ein erleiden dar. qietismus statt verausgabung.

wahrheit wird durch schmerz verifiziert, märtyrertum ist das unterpfand der wahrheit für brown (p. 156), so wie das *nicht-handeln* den *wissenden* auszeichnet.

affirmation von nicht-selbst, wider die identität »es liegt nicht daran, daß kinder, neurotiker und primitive ((1, 2, 3)) zu dumm wären, um zwischen worten und dingen unterscheiden zu können, sondern daran, daß sie nicht so unterdrückt sind, um sich nicht dessen bewußt zu sein, daß persönlichkeit eine soziale funktion und ein name eine magische beschwörung einer bestimmten rolle im sozialen drama ist« (p. 87). identität konstituiert sich aber aus mehr als einem bloßen »wiederholungszwang« (p. 90), charakter wird durch mehr als ein ensemble von stereotypen fixiert.

leben = traumloser schlaf. bretons ›punkt‹, der zur überschreitung der antinomien tendiert. es kommt auf den punkt an, sagt bataille, egal, wie man ihn erreicht (erreicht: hinter jedem verworfenen ziel steckt ein weiteres).

wahnsinn, der weg ins freie »die lösung des identitätsproblems heißt: verlorengehen« (p. 144). »intellekt ist mut, der mut, das leben des geistes aufs spiel zu setzen, mit dem wahnsinn zu spielen« (p. 165). »statt organischer differenzierung spaltung oder selbstentfremdung...« (p. 126).

das nichts »das ich ist geschwätzigkeit, der innere monolog, das selbstgespräch, das isoliert. der weg des schweigens führt zur auslösung, zur abtötung des ich. leer werden, nichts werden...« (p. 299).

vom kathartischen effekt des *nichts* kann man z. b. in angst- oder streßsituationen profitieren, wenn man für momente die unangenehmen zipation.

wirklichkeitsaspekte ›ausblendet‹ – willkürlich. das gegenteil von partiaußerdem ermöglicht die dreifaltigkeit von schweigen, leere und nichts erst recht die okkupation von seiten des sinns, der identität. die faszination durch das *nichts* macht blind für seine signifikativen, reintegrativen valenzen. intelligenter als derjenige, der seinen namen verschweigt, ist der, der einen großen verschleiß an namen hat.

in *love's body* erlebt der säende, rächende, richtende und versöhnende (verzeihende) gott seine wiederauferstehung, der gern dionysos gewesen wäre.

*

(gina pane)

drei phasen der aktion *autoportrait(s)* (paris, januar 1973). 1. konditionierung: auf einem eisengestell, unter dem brennende kerzen stehen, so lange liegen, bis der schmerz unerträglich wird; 2. kontraktion: mit der rasierklinge den mund verletzen, während dias von einer frau projiziert werden, die ihre fingernägel blutrot lackiert; g. p. wendet sich – den rücken zum publikum – dem an der wand befestigten mikrophon zu, der schmerz hindert sie, etwas verständliches herauszubringen;

3. ausstoßung: g. p. kniet – vor sich ein glas milch und eine schüssel – auf dem boden, gurgelt mit einem schluck milch, spuckt das rotgefärbte gemisch aus blut und milch in die schüssel, absorbiert auf diese weise 1 liter milch. (die wenigsten zuschauer bleiben bis zum ende der aktion; die mobilisierten aggressionen richten sich gegen die ausgestellten aktionsrelikte, die gestohlen bzw. zerstört werden.)
aus liebe zum ›anderen‹ den körper öffnen, damit jene ihr blut sehen könnten ((*lettre à un(e) inconnu(e)*)). körpersprache gegen die diskursive sprache der gesellschaft gehalten (welche sich den körper einverleibt), das leben des unbewußten (libido) gegen die wirklichkeit ausgespielt. den phantasmus vom körper als entität der individualität demaskieren, das heißt seine funktion als corps social denunzieren.
gina pane sichert sich notarisch das fortleben als künstler nach dem tod – eine bestimmte person ist beauftragt, ihr posthumes portrait zu realisieren (das *œuvre posthume*, 1972, besteht aus portraitfotos der künstlerin, die alle zehn jahre, bis zu ihrem tod, angefertigt werden). konträr dazu setzt sie in ihrem aktionismus ihre gesundheit – wenn nicht das leben – aufs spiel.
schnitt ins fleisch, blut auf beton und schnee (*le corps pressenti*, innsbruck 1975); das eine ist die kultur, das andere fließt (und schmilzt).

*

die verausgabung dient der *kommunikation,* sie ist ihr als mittel untergeordnet.
das streben nach kommunikation entspringt dem verlangen, die grenzen des subjekts zu überschreiten. kommunikation heißt hier nicht kommunion, vereinigung, vereinheitlichung, interpolation, auch tendiert sie nicht zur mystischen fusion mit dem ›universum‹: im prozeß der kommunikation stelle ich mich selbst in frage – sofern ich mich weit genug öffnen kann. gleichermaßen dient das objekt des verlangens (ein mensch) der bewegung auf das jenseits dieses objekts hin: dem nichts, und das bedeutet, daß diese bewegung destruktiv (oder transgressiv) sein muß. ermöglicht durch den bruch der integrität eines menschen, verändert sie selbst, annihiliert sie im extremfall das objekt des verlangens.
dem **nichts** der inneren erfahrung müßte sein artikel entzogen werden, um wirklich ›nichts‹ (keine sache) sein zu können.

*

mit dem **gipfel** verhält es sich wie mit dem **sinn.** wenn der **sinn** im wesentlichen **non-sens** ist, wird auch der **sinn ›non-sens‹** sinnlos, und das ad. inf.
freiheit bedingt ein freisein von der »sorge um die zukunft«. das »nichts

der obszönität«, der erotische exzeß wird von dieser freiheit durchdrungen. man kann sie sich nicht verdienen, ihr ist jeglicher heroismus, jegliches märtyrertum fremd. wie drückt sich freiheit nach außen hin aus? nicht zuletzt durch das wilde, verrückte, kindliche lachen. es ist, aus der nähe betrachtet, kein ›unschuldiges‹: bataille stellte sich vor, daß nietzsche lachte, ehe er ver-rückt wurde. um zum lachen zu gelangen, mußte bataille das naheliegende, die orgie, überspringen.

*

das *unverständliche* gefährdet die wahrheit, den ›sinn‹ des verständlichen auf dieselbe weise wie der tod das leben in frage stellt, wenn nicht negiert: nämlich derart, daß die unverständliche sprache die kommunikative, ratiologische sprache der lüge überführt und damit dem inkommunikablen raum schafft. jenen spielraum, der so etwas wie »individualität des sinns« ermöglicht. es wäre falsch, von privatsinn zu sprechen, der sinn findet sich suspendiert.
wie das?
es gibt einen punkt, wo oben und unten verschwinden durch ein übermaß an verzweiflung, das einen wie ein tier anspringt, von innen heraus korrodiert, wo ich nicht mehr die notwendigkeit artifizieller kontradiktionen spüre. vielleicht die rückseite baillescher erfahrung, kopfverdrehender schmerz, das bin ich, wenn ich nur noch schmerz bin. die wahrheit: ein grinsendes schwarzes stück scheiße in einer ecke. ich befinde mich ohne frage auf der höhe der negation, doch was ich sonst noch darüber sagen könnte – das zu verstehen seid ihr zu intelligent.
stets bereit, alles auszukotzen, dieses dreckige leben hier mit seinen simulanten – das ist eine echte bewußtseinsveränderung. genug. ich bin weder

*

ich hatte tatsächlich geglaubt, alles wie eine dreckpatina abgeschüttelt zu haben. irrtum. es war das übermaß an verzweiflung. unfähig, etwas zu tun, unfähig, in der taubheit zu versinken. »wilde trauer« ...
alle ambivalenzen gegenüber einer person in einem zeitraum von fünf minuten zusammengedrängt erlebt – das gefühl, von kopf bis fuß in sich zu ›stecken‹, keine selbstabtrennung vom körper mehr – selbstgespräche in einer fremdsprache ›verschlüsselt‹ – unerfüllbarkeit meiner erwartungen von solidarität (diese wird letztlich identisch mit der abwesenheit von sinn – sinn, dieser fallgrube, von der wir angezogen werden, weil das stabile gleichgewicht, die ruhelage immer verführerischer ist als die instabile, schwebende, fragile position: mit angehaltenem atem oberhalb der fallgrube, auf der dachspitze der kontradiktio-

nen. nivellierung und stabilisierung sind eine obsession aller außerkünstlerischen disziplinen; sie schütten beharrlich den abgrund der sinnlosigkeit mit amorphem material zu, während es darum ginge, dessen stetige präsenz anzuzeigen. ich lache also, wenn mir bewußt ist, von welcher fragilen konstruktion ich getragen werde, auf welcher fallgrube ich stehe, wenn die abwesenheit von sinn den primat des realen für einen augenblick aufgehoben hat – ich bin von sinnen.
bleibt das risiko, bei diesem balance-akt ein- und abzustürzen – und die vorhergehenden notizen zeigen, auf welche weise und wodurch das passiert.
ich glaube, der selbstmord ist kein einbrechen in den sinn, nicht nur, sondern in erster linie ein akt, der dieser instabilen position, diesem labilen gleichgewicht ein ende bereiten will. daß es nicht-tödliche formen des selbstmordes gibt, bedarf nach rimbaud u. a. keiner erwähnung mehr.
die härte des ›poetischen‹ zustands könnte vielleicht durch eine gewisse form von solidarität gemildert werden und existenzbedrohende konklusionen verhindern. nur verstehe ich sie keinesfalls als mittel zum zweck, etwa um sich auf der höhe der kontradiktionen halten zu können, und welchen sinn hätte sie dann? der fehler liegt darin, einen prozeß als objekt zu beschreiben; wenn man sich ›sinnlos‹ verausgabt, ohne berechnungen anzustellen, ereignet sich kommunikation, erlebt man auch so etwas wie solidarität. was brüchig wird, das sind schein-entitäten wie die integrität der person, identität vor allem.

ich bemühe mich, ›liebesbriefe‹ zu schreiben; wenn sie gewissen leuten zu todes$\frac{m}{w}$ütig, zu bitter schmecken, so liegt das auch daran, daß man mir ganze pakete voll haß und dummheit schickt.
[april–juni 1977]

roland barthes' inaugural-vorlesung am collège de france (7–1–77) denunziert vehement die sprache als das objekt, in dem sich die macht einschreibt (macht = parasit eines transsozialen organismus, der mit der ganzen geschichte des menschen verknüpft ist). provokativ wirkt weniger die feststellung, daß sprache die legislative sei oder insofern entfremdung impliziere, als sie dem sprecher eine soziale oder affektive suspendierung verweigere, noch der hinweis auf die fundamentale inadäquanz von sprache und wirklichkeit, sondern daß
1. alles klassieren unterdrückung bedeute
und 2. faschismus darin bestünde, zum reden zu zwingen.
kritiker wie andré jacob ((langue, pouvoir et responsabilité intellec-

tuelle, *le monde,* 23./24. 1. 77)) warnen angesichts dieser thesen vor einem neuen babel, vor barbarei, vor regression auf eine unartikulierte sprache hin, und appellieren, die distinktion nicht zu scheuen, um nicht der konfusion zu verfallen.
barthes' these, daß die sprache an und für sich schon faschistisch sei (indem die rede, der sprachakt vorgibt, die ganze sprache zu repräsentieren), hat fragwürdigen charakter. der einwand, daß die sprache unter einem repressiven system eine faschistische subversion erleide und der faschismus in seiner ersten phase den menschen schweigen auferlege, weicht seinerseits dem eigentlichen problem aus, das barthes' postulate stellen.
zum reden zwingen heißt: permanent sich-ausweisen müssen, interpret und interpretiertes, signifikant wie signifikat sein müssen. partizipation an der kommunikation bietet der kontrolle das größte anwendungsfeld: am kommunikations-stil des einzelnen wird seine funktion als sozius gemessen, d. h. ob er als staatsbürger, und wie, funktioniert, welche rolle er spielt, auf welche position er festzulegen ist. die auflage, zu kommunizieren, betrachtet als ein fortschreitendes identitäts-setzen bis zur erstarrung des essentiell beweglichen subjekts, zwingt zur identifikation (von kommunikation und bewußtsein) und diskriminiert jede bewegung auf den »transsozialen organismus« oder ›körper ohne organe‹ hin.
die macht der sprache sei verborgen, weil sprache klassiere und jede klassierung etwas unterdrücke. barthes ist sich der fatalen identität von objekt und mittel seiner kritik bewußt; eine machtminderung der sprache erwartet er sich vom ›stil‹ der fragmentation, abweichung (exkursion).
den sinn, die *eine* bedeutung unsicher machen, in vielheiten auflösen, das klassieren vom mechanisch-arroganten *ausschließen* befreien, weitgehend ›sinn-neutralen‹ bereichen eine chance einräumen: die freiheit, schweigen zu können, nichts zu bedeuten, nicht funktion zu sein.

*

mich interessiert an einem ›autor‹ nicht, welche philosophie (oder welche lösungen, interpretations-methoden) er ins leben gesetzt hat, sondern welche bewegung zu initiieren, welche mythen zu destruieren er vermochte, welche fragen er gestellt, wie er sie gestellt hat.
die strikte ›werkimmanente‹ lesart, die versucht, den textproduzenten als gesellschaftliches, psychologisches etc. subjekt zu ignorieren, täuscht sich über die ›objektivität‹ experimenteller texte und häufig auch über die objektivität der eigenen ›lesart‹ – deren konditionen zu beschreiben aufschlußreicher wäre als eine pauschalierende textanalyse.
mit welchen vorstellungen messe ich einen text; wo reichen sie nicht

mehr aus und steht mir ein präformiertes urteil im wege, damit mir etwas auffällt; wo müssen diese vorstellungen selbst verändert bzw. erweitert werden, auf welche weise und warum (letzteres verweist auf die spezifischen qualitäten eines textes); über welche informationen verfüge ich, um die besondere information eines textes wahrzunehmen; was bedeutet der text für mich? sind jene fragen, die mich fesseln.
in dem maße, wie ich über die person des schreibers informationen besitze, müßte das rein projektive element verringert werden können – falls man hinreichend verunsichert in bezug auf identitätsimages ist.

*

(ein heißer sommerabend, über eine performance von jürgen klauke*, documenta 6, juli '77)
der raum dunkel, ein als altar (selbst fotosequenzen ordnet klauke, der aus dem erzkatholischen köln kommt, als triptychon an) drapierter tisch, den ein helfer mit devoten gesten mit weingläsern bestückt, in die er grün-fluoreszierende kerzen steckt – in der mitte des tisches ein metallkelch.
auf die wand werden – musikalisch untermalt – farbdias aus der aktion *bi-gott (grüße vom vatikan)* projiziert. klaukes gestik ist ausgesprochen sparsam, so daß die aufmerksamkeit sich unwillkürlich auf die spannenderen dias richtet. die performance wirkt traurig, cool, resignativ: klauke blättert in einem buch, schlägt den kopf mehrmals auf das buch, wischt sich mit pathetisch-lässigen gesten den schweiß vom gesicht, prostet mit dem abendmahls kelch, macht kniebeugen, setzt sich schließlich – mit dem rücken zum publikum – vor den altar-tisch; der helfer schenkt dem akteur einen cocktail aus, klauke entzündet eine zigarette, verändert seine sitzposition, so daß er mit dem gesicht zum publikum agiert, d. h. trinkt und raucht (im hintergrund musik und geräusche, die einer bar o. ä. entsprechen könnten).
mehr als die intendierte (?) travestie stellte klauke für mein empfinden die unfähigkeit zu kommunizieren aus.
die lust zu leben heißt eine seiner fotoserien, welche verschiedene wege des suizids zynisch vorführt.

*

(zur auferstehungsliturgie des o. m. theaters)
nitsch hält an der selbstverwirklichungs-idee (»selbstfindung«) des menschen fest, der sich als »mittelpunkt des ganzen« fühlen soll. identifikation mit dem ganzen, jedoch durch persönlichkeitsauflösung und -erweiterung.
das leben in ein fest transformieren, »selbstwerdung« auf dem wege der liturgie (des dramas) ermöglichen, das tragische überwinden, das nichts

* »im schatten des doms« (ritual trinken)

durch das sein (das schöpferische) ersetzen, wahrnehmung und empfindung steigern (intensität generiert sensibilität), sein zu liebe machen, die gleichung kunst=leben zu verwirklichen suchen ... ist gut und schön.
fragt sich, ob ein »ausgelasteterer menschentyp« allein schon durch den kathartischen effekt von nitschs spielen imstande ist, sich von »instinktbereichen« (verdrängungen, kollektivneurosen) zu emanzipieren, indem er sie sich bewußt macht und ob diese art von psychohygiene einer »seinsmystischen lebensform« den weg bahnt. (der mißglückteste, strukturell totalitärste versuch, auf ›profane‹ gesellschaftliche zwänge zu antworten, stellt muehls aao-sekte dar – was jedoch nitsch nicht von der beantwortung der frage suspendiert, wie die gleichung kunst=leben realisierbar sein soll, einmal davon abgesehen, daß man sich aufs land zurückzieht und ein schloß anmietet.)
»ein psychohygienisch geregelter breiter ausfluß von energien läßt vorerst jene als **liebe** bezeichnete vitalitätsaufwallung entstehen, welche das gesamte menschliche dasein erfassen soll.« ich weiß nicht, ob nitsch wirklich die menschheit mittels liebe erlösen will – seine »entbanalisierte« definition von liebe als mystischer rauschzustand, sinnestrunkenheit und überfluß, losgelöst vom karitativen wie genitalen imperativ, unterschlägt nicht, daß sie in der hauptsache verausgabung, exzeß ist. streng genommen stellt aber für den exzeß alles destruktive, der mord, ein menschenleben kein tabu dar. derartige intensitäten sublimieren, das hieße symbolisch handeln, tiere schlachten. welches kultur-kritische element enthält danach nitschs gesamtkunstwerk noch, wenn die derzeitige kultur auf eben dieser sublimierung errichtet ist?
ich kenne formen der ekstase, für die der begriff ekstase schon zu extrem sein mag. bloß habe ich nie den eindruck, »mittelpunkt des ganzen« zu sein, eher etwas undifferenziertes (also ›das ganze‹ selbst?). und von den reaktivierten intensitäten könnte ich nicht sagen, daß sie ausschließlich eine art liebes-fluxus hervorbrächten. was mir bedeutsam erscheint, ist, daß ich zu werden vermag, was ich nicht bin, daß ich heraustreten kann aus dem gefängnis der identität – ohne guru, noch (psycho)drama, noch fest.
zurückgekehrt, bleibt noch immer diese wunde, ich bin weder geheilt, geläutert, versöhnt noch ›erlöst‹, sondern angelöst, frei für neue dissimilationen und einen atemzug lang ›bewußter‹, weil frei von bewußtsein gewesen.
die erlösung des o. m. theaters von allem mystizismus: heliogabal.

*

erotik/mystik/poesie/toxische ekstase
die distinktion von »erotik der herzen«, »erotik der körper« und »hei-

lige(r) erotik« (mystische erfahrung), die bataille in *l'érotisme* vornimmt, plädiert für eine wesentliche einheit bezüglich des wunsches derjenigen, die einen der drei wege beschreiten: der wunsch, vom zustand der diskontinuität zu dem der kontinuität zu gelangen.
den tiefen sinn der erotik erblickt bataille in der »affirmation des lebens bis in den tod«, in der herausforderung des todes, dem eindringenlassen der negation.
was jener distinktion ihre berechtigung gibt, ist, daß sie unterschiedliche mittel beschreibbar macht, die das gefühl der kontinuität herbeiführen: während die »erotik der herzen« wie die der körper aspekte von gewalttätigkeit hat (nämlich die gewalt der passion), den tod nicht ausschließt (mord, suizid: die filme nagisa oshimas oder robbe-grillets verdanken der theorie batailles sehr viel), widersetzt sich die »heilige erotik« dieser gefährdung weitgehend, d. h., die mystische erfahrung vermeidet die kopflose bewegung auf das ungewisse zu, ist darauf bedacht, die integrität des subjekts nicht verletzten zu lassen.
in übereinstimmung mit andré breton erklärt bataille den poetischen zustand zu einem solchen, in dem die »ununterscheidbarkeit«, die »verschmelzung der unterschiedlichen gegenstände« erfahrbar werde.
stets führt der weg von der diskontinuität – über die angst, den bruch, die wunde, die erfahrung des todes, die zustände der ekstase – zu vorübergehender kontinuität, die sich nur im tod ganz erfüllt.
weder auf seiten der sinnlichkeit noch auf seiten der mystik stehen die ›toxischen ekstasen‹ derjenigen, die drogen nehmen. mit den mystikern (adepten der »göttlichen erotik«) verbindet sie die absenz eines objekts, von den mystikern trennt die toxikomanen, daß sie bereit sind, den willen partiell aufzugeben. dr. amitai hat den satz geprägt »euer problem ist nicht das fixen, sondern das ficken« – der zwar, die junkies diffamierend, die psychoanalytische ersatz-theorie perpetuiert, jedoch die wesentliche identität der ziele ignoriert.

> wenn antonin artaud behauptet, als 22jähriger seine sexualität »bezähmt« zu haben, was ungefähr mit dem zeitpunkt seiner inklination für drogen zusammenfällt, bestätigt das scheinbar das burroughs'sche diktum. gleichzeitig sollte man aber artauds mädchen, die ›filles de cœur‹ nicht vergessen, neben der offensichtlichen antierotik, welche sich in ›romantischen‹, der »erotik der herzen« verpflichteten sentenzen wie: was die menschen vereint, ist die liebe, was sie trennt, ist die sexualität – manifestiert. sich drogieren begreife ich als eine andere art der verausgabung ohne objekt, vergleichbar dem anlegen, inkorporieren einer zölibatären maschine, die ausdruck der schmerzlichen kontradiktionen zwischen »erotik der herzen« und »erotik der körper« ist.

mit anderen worten: die leidenschaftliche bewegung auf das unmögliche hin – ob es nun ununterscheidbarkeit, ›point suprême‹, aufhebung der partikularität, ›das heilige‹ etc., etc. heißt – im einen fall als sozial im anderen als asozial adjektivieren, das ist die methode der wissenschaftlichen, technokratischen, politischen, bürokratischen eliten.

*

der »objektive zufall«, betrachtet als prozeß, von andré breton in den *vases communicants, l'amour fou, nadja* und anderswo rekonstruiert, ist das gegenteil grenzüberschreitender verausgabung. insofern, als er
1. die gefahr des unvorhergesehenen vermeidet
2. ein prozeß der ich-restitution (heilung) ist.
breton beschreibt, wie die wahrnehmung des in seiner identität blessierten subjekts immer mehr dem wunsch folgt. wollen wird mit wünschen identisch. der auf gegenstände der außenwelt projizierte wunsch übernimmt die rolle der kommunikation.
das selektive wahrnehmen, das – indem es das subjekt gefährdende wirklichkeitsaspekte ausblendet oder ignoriert – nur fakten, daten, hinweise registriert, ist in diesem fall ein bewußt sinnstiftendes. das lädierte subjekt befindet sich auf der suche eines sinns (ja es konstruiert ihn mittels analoger interpretation von zeichen aller art, genauer: alles wird zum zeichen gemacht, zeichen, die meistens geschrieben sind, bestehen doch bretons traum-autoanalysen aus assoziationen zu wort-bedeutungen), der einerseits für die zukunft des subjekts verbindlich wird oder wenigstens aufschluß über seine determination geben soll (ausschluß der ungewißheit) und andererseits die wunden der ich-identität schließt. man vergleiche die promenaden bretons mit denjenigen von strindberg *(inferno/legenden)*, der den prozeß bis zur paranoia hochschraubt.
wenn die libido die wahrnehmung determiniere, bezeichnet man das so manipulierte ›eingangsmaterial‹ als erfolgsrückgekoppelt, d. h. als irreal. ähnlich piaget, der postulierte, daß verrückt werde, wer sein denken nicht an der kommunikation kontrolliere (er spricht von überkompensation der fantasie, wodurch sich das subjekt den versagungen und frustrationen entzöge).
breton gelingt die annäherung von wahrnehmung und wunsch, was nichts anderes als den poetischen blick umschreibt, die fähigkeit, anders zu sehen; er vermag die realität zu relativieren, nicht aber sich selbst; *nadja*, falls das buch authentisch ist, belegt, daß diese begegnung die integrität der person breton intakt ließ.
vielleicht verdeutlicht dieses beispiel den abstand, der breton von bataille trennt. breton verschließt sich der exzeß, der rausch, als dieser

über das objekt des wunsches *hinausgeht,* die erwartete lust übersteigt – in absoluter gleichgültigkeit gegenüber der zukunft.

*

»alles existiert nur als funktion, und alle funktionen laufen auf eine hinaus; – sowohl die leber, die die haut gelb färbt, das gehirn, das sich die syphilis holt, der darm, der den dreck ausscheidet, der blick, der sein feuer da und dorthin sprüht, sie laufen für mich, *wenn ich den geist aufgebe,* auf mein bedauern hinaus, gelebt zu haben, und auf den wunsch, mit dem leben schluß zu machen« (artaud, *heliogabal*).

*

authentizität: du brauchst bloß dein hirn zu erbrechen.
ohne rest.

*

gewisse schlüsse besitzen die tendenz, sich gegen den zu wenden, der sie ›gezogen‹ hat. es ist dieses »nieder mit den schwachen!« eines nietzsche, einer laure, einer danielle sarréra.

*

freude – frustration
wie vermeiden, daß beides obstinat paarweise auftritt? und so, daß die *intensität* des ersteren (größte freude) exakt derjenigen des zweiten schrittes (große depression, enttäuschung) entspricht.
exaltation, wenn man freunde trifft: ich freue mich ja so und dann bemerke ich, daß ich wieder allein bin, mein einziger verteidiger, daß sich – auf grund der umstände oder feigheit – nichts geändert hat: laure (*le sacré,* 1938) sagt so einfache dinge, die ins fleisch schneiden. sollte man aber seine erwartungen im voraus derart reduzieren, um der enttäuschung auszuweichen? statt die ›umstände‹, die schwächen, die unfähigkeit angesichts der ›umstände‹ klar zu sehen, ins rampenlicht zu zerren, bevor sie zur schauspielerei verführen. aber was ist das wahre, ungeschminkte. schon mal gemerkt, daß oftmals der verbale oder gestische ausdruck einer ›tiefen‹ empfindung kaum zu unterscheiden ist vom trivialen der alltäglichen komödie?
sich die chance geben, verändert zu werden.

*

sich niemals hingeben, sich nicht in frage stellen und sich nicht in frage stellen lassen: solche bevorzugen freunde, welche sie bei nächster gelegenheit denunzieren können.
es handelt sich nicht bloß darum, keine ›zwei sprachen‹ zu sprechen, sondern auf die blutige, restlose sektion seines dialogpartners – wider besseren wissens – zu verzichten. komme ich an den punkt, wo ich nicht allein das verschweigen billige, sondern zu rechtfertigen suche, ist das vertrauen maßlos.
unheilbare chirurgen warten darauf, daß das inkommunikable eines tages seine sprache finden, der verschwiegene rest ausgeliefert werden möge; bewußt durchtrennen sie sämtliche fäden der attraktion (aus furcht vor gefährdung), wie um sagen zu können, alle relationen glichen sich letzten endes und um triumphierend ausrufen zu können, daß jede erfahrung schmerzlich, enttäuschend sei. eine burg bauen, sie wieder zerstören und sagen: alles bloß sand.
sieht man nicht, wie hier erfahrung als repetition eines gut gelernten schauspiels, ja im grunde inszenierung (getragen von vorurteilen, ängsten etc.) ist.
fehlt ein zuverlässiges kriterium, gespieltes vom authentischen zu trennen.

*

ein gelber, total verrückter hoffnungsfaden, den zu benennen sich nicht scheut, wer mit dem abgrund, dem schmerz und dem tod intim vertraut ist: »jenseits von vernunft und wissenschaft und allen parolen gibt es liebe.
fülle den becher und wir werden verrückt sein« (laure, *le sacré*).

*

es gibt leute, die – tot – ihr leben verzweifelt damit zubringen, in der wüste den sinn zu suchen, ohne jemals auf diese fallgrube zu stoßen.
auf dem gitter der fallgrube federn und high-sein: die psychoanalyse hat diesen zustand mit dem ausdruck angst–lust belegt.
ich hätte lust, das adjektiv ›pervers‹ den wortschöpfern zurückzugeben.

*

warnung, an einer wohnungstür anzubringen (frei nach laure): »wer hier eintritt, bilde sich nicht ein, ein anderer/etwas anderes zu sein als er ist –
hier lebt man nackt«.

*

zu batailles theorie der verausgabung vgl. matthäus 10/39 (»schöne verlierer«).

*

panizzas *psichopatia criminalis* (zürich 1898) liefert jetzt der pathologisierung von »terroristen« die argumente.

*

»es ist sinnlos, sich einem werk opfern zu wollen« will sagen: es geht um dich selbst als ›werk‹.

*

jeden morgen ist mir zum sterben zumute; wiederholt zu erleben, daß man noch immer nicht in die wirklichkeit hinein aufwacht.

*

hilferufe generieren – wenn nicht schadenfreude – oftmals bloß ein echo bei anderen, eine art umkehr-effekt: unversehens wird man selbst zu dem, der ratschläge erteilt … aus verlegenheit angesichts der hilflosigkeit der anderen.

*

der mit der außenwelt kommunizierende körper ist von vornherein in eine abhängigkeit gestellt. batailles theorie der kommunikation bedürfte erst dann einer revision, wenn der menschliche organismus, komplettiert um den bio-computer, autonom wäre.

*

autobiographie & sex-life unica zürns
was ihr buch *der mann im jasmin* fortwährend umkreist und zugleich verhüllt, wird sprache in *sombre printemps,* einer einfachen, weniger manierierten prosa als die »eindrücke aus einer geisteskrankheit« und dennoch besitzen die bilder dieser erzählung die gewalt von bellmers zeichnungen.
»ich bereue es jetzt nicht mehr, daß ich mich nicht schon als zwölfjährige aus dem fenster gestürzt habe.
sollte das hoffnung sein?« (1959, »in großer angst geschrieben«). im oktober 1970 führt sie aus, was sie in *dunkler frühling* angekündigt hatte. als kind von ihrem bruder vergewaltigt, entdeckt sie ihre masochisti-

sche neigung (beschreibung, wie sie sich von einem hund das geschlecht lecken läßt, während ihr ein harter stein in den rücken drückt). ihre zweifel angesichts des eigenen geschlechts, die abwesenheit von ›leidensgenossinnen‹, die angst vor der eindeutigkeit und die aus erwartung und distance resultierende spannung: die chance, immer zu lieben, mit ein und derselben kraft, kommt nur dem zu, der ohne hoffnung liebt, sagt sie.
die rituelle konservierung der ›ersten liebe‹: ein paßfoto im mund zerkleinern und dann hinunterschlucken, portrait-zeichnungen vernichten, ein haar in eine kugel aus siegellack einschließen und als medaillon tragen, aus dem fenster springen.
unica zürn widerlegt meine gedanken über die absorptionskraft der solidarität: sie stieg sozusagen vor den augen bellmers ›aus‹, ihrem lebensgefährten der letzten jahre. kommunikations-zusammenbruch.
laure, danielle sarréra, unica zürn: haben sich nicht damit aufgehalten, ›werke‹ zu schreiben. es sind songs of love and hate, die sich schonungslos entblößende sensibilität, die über die passion zur selbstvernichtung schreitet.
in der genealogie der suicidés de la société stellen sie den bisher ignorierten weiblichen teil.

*

nicht alles sprechen (wie das memorieren, rezitieren usw.) sei intellektuelle leistung. ohne das zusammenfallen von denken und sprechen affirmieren zu wollen, erlaubt die *leistung* wygotski ((*denken und sprechen* (1934), frankfurt 1969)) eine differenzierung, hierarchisierung.
es gibt keinen grund, dem deklamieren oder der unartikulierten rede weniger geist zuzusprechen als einer artikulierten, kohärenten, mehr oder minder mühselig zusammengesetzten rede. vielmehr ist jene distinktion frucht von ressentiments gegenüber sämtlichen nonverbalen ausdrucksformen, die – gewissermaßen unter dem primat der physis stehend – als atavismen abgewertet werden.
doch ein weinkrampf, die einfachste grimasse unterläuft die diktatur des signifikanten.

*

gelegentlich habe ich mich als tot beschrieben. ich verstand darunter einen in seiner genesis weit zurückliegenden zustand des dissoziiertseins von mir selbst. nicht dissoziiert in zahllose fragmente, nicht teil von allem, sondern eine art auge, das den körper von b. m. überwacht. das führt zu ganz praktischen konsequenzen, z. b. der verantwortungslosigkeit gegenüber meiner person und dem kollektiv. schwierigkeiten,

sich mit dem gesagten, gedachten, geschriebenen zu identifizieren. abneigung und widerwillen vor ja/nein-alternativen usw. (der suspendierte zustand, unpolar, kann auch folge von isolation sein. für identität braucht es wenigstens zwei, rollen gebiert ein ›soziales umfeld‹, die kommunikation.)
unerreichbarkeit der ›essenz‹ – ähntfremdung genannt.
das alles ist scheiße. es beschreiben fingerfertigkeit, geduld, stumpfsinn und narzißmus.
[juli–august '77]

der publikums-›erfolg‹ von sartres *der idiot der familie:* neurotiker applaudieren der studie eines neurotikers über sein double. weil sartre das objekt seiner studie – da genial – als konkurrenz empfindet, muß er es, per projektion, auf seine persönlichen abmessungen zusammenschrumpfen lassen.
gerade jene methoden freuds, adlers oder jungs, die sartre 1943 in seinem essay über bataille ›grob‹ und ›verdächtig‹ nannte, bilden das antiquierte instrumentarium seiner flaubert-studie.

*

maria erlenbergers ›bericht‹ (*der hunger nach wahnsinn,* reinbek 1977) stilisiert die regression zur privaten revolte. es ist der bericht einer sog. magersucht, die die klinik als einzigen mutterleib begreift, als zufluchtsstätte und hort der geborgenheit. ich schätze sie als supranormal, ja voll identifiziert ein. sie lebt dort – ihren schilderungen gemäß – in einem rhythmus aus essen und kacken, wobei sie darauf achtet, beides durch »ficken« und »partner« zu ergänzen – im werbetext steht etwas von »wiedergewonnener identität«, und da darf die triebbefriedigung nicht fehlen. diese art von identität, dem »hunger nach wahnsinn« entsprungen, ist allerdings ein *kinder*spiel. mit wahnsinn verwechselte bewußtlosigkeit.
ihre randbeobachtungen spiegeln das klinische bild des irren in der psychiatrischen praxis von heute wider, seine durch psychopharmaka imbezilisierte, entwürdigte und infantilisierte gestalt.
die erlenberger sagt indirekt, daß gelegentliches aussteigen rekreativ sein kann (sofern man sich die hintertür, die zum ausgang führt, offen hält) und daß konformismus – gute führung – gegenüber den exekutivorganen des staates sich stets auszahlt.

*

den *bierkampf,* den achternbusch mit pueriler wut führt, seine invektiven gegen eine kultur, deren angestellter er längst ist, all das kommt

mir wie die attitüde eines mannes vor, der den dichterrebellen im harlekinskostüm mimt. (ich habe wahrscheinlich den fehler begangen, sowohl buch als auch film in nüchternem zustand zu mir zu nehmen.)
genet, der heute bekanntlich in tranquilizern untertaucht, hat sich wenigstens das dilemma eingestanden: was wäre, soll ein solcher tun, den allein die wut am leben hält und der sich als notorischer aufständischer wohl fühlt, wenn es keinen anlaß mehr zum schimpfen gibt? (›die revolution‹ würde genet unglücklich machen. seine leidenschaftliche verteidigung der raf hat darin ihre ursache – er schätzt ihre revolte als verzweifelt, heldenhaft und selbstmörderisch, also romantisch ein.)

*

artaud, laure, guyotat: katholizismus und/oder disziplinierung in kinderzuchthäusern (pensionat, kolleg, privatklinik). fast könnte man meinen, derartige zweifelhafte privilegien erzeugen notwendigerweise militanz.
pierre guyotat versucht mittels verleugnung sich aus der klasse zu katapultieren, aus der er stammt (sein vater war landarzt) und die er haßt; im grunde sucht (und findet) er bloß – verunsichert auf grund der soziologisch nicht erfaßbaren situation des schreibenden – die integration in eine neue klasse, die effektiv die alte ist, daher sein nachbeten *tel-quel*istischer rotchinesischer phrasen (*littérature interdite*, paris 1972). natürlich erreicht er mit experimentellen triebtexten wie den seinen nicht die vielbeschworenen ›massen‹, sondern die aufgeklärten, liberalen intellektuellen – falls der staat nicht interveniert (guyotats *éden éden éden* wurde 1970, der pornographie verdächtigt, in frankreich verboten). guyotats theater (das sprechstück *bond en avant*, 1973) verwendet elemente der einstigen disziplinierungs-szenerie (z.b. eine schulbank), es dramatisiert die sexualität (akteure, deren geschlecht mit wundverbänden umwickelt ist, ein akteur in eine zwangsjacke geschnürt). er setzt, unbelastet von der prüderie seiner surrealistischen vorväter (obwohl er mit ihnen die romantische tradition teilt), das drama homosexualität in szene. dies allein – die minutiösen schilderungen seiner sexpraktiken – würde guyotats werk kaum abheben von jenen bekenntnissen und geständnissen, dieser masturbation in der öffentlichkeit, wie sie in fast jeder zeitschrift abgedruckt sind.
er folgt bataille, indem er die tragischen und schmerzhaften aspekte der sexualität der zeitgenössischen leistungsorientierten vollzugsideologie entgegenhält, der orgasmusdespotie, der freizeitlichen sublimation via geschlechtsverkehr.
guyotat bringt materielle, gesellschaftliche zwänge zur sprache, probleme der praxis insgesamt, worüber sich bataille in seiner erotologie

ausschweigt. für *bond en avant* beansprucht guyotat das prädikat »philosophischer text«. es überrascht mich nicht, daß er die vulgarität unerträglich findet.

*

bataille behauptet die identität von erotik und kommunikation. beides ist für ihn bloß eine art *umweg*, um zum eigentlichen, nicht greifbaren ›objekt‹ des begehrens – der nacht (dem tod) – zu gelangen, umweg, der indessen notwendig sei.

*

fritz zorn (*mars*, münchen 1977), bernward vesper (*die reise*, frankfurt 1977), ernst herhaus (*kapitulation*, münchen 1977): drei lebensläufe – ›bürgerliche‹, versteht sich –, jeder eine ausnahme, ›gestrandete‹, nur einer der autoren überlebt, erlebt das erscheinen seines buches, die anderen begehen suizid (vesper, indirekt auch zorn).
herhaus ist weniger deshalb ›noch mal davongekommen‹, weil er sich des alkohols entwöhnt hat, sondern weil er die kraft zur sinnkonstruktion hatte; daß sein buch ›wie ich mir gott erfand‹ oder ›wie ich zu gott zurückfand‹ heißen könnte, ist nicht metaphorisch zu verstehen. und: alle drei autoren stellen die frage nach gott, d. h. die sinnfrage.
zorn reklamiert im laufe seiner autobiographie den chronischen zustand von gewissermaßen suspendierter identität und identifikation, der sein elternhaus – und damit ihn selbst – beherrscht habe: »... die sprache zerfällt in eine amorphe masse von bedeutungslosen partikeln; nichts ist mehr fest, und alles wird unwirklich«. zorn erleidet also die mehrdeutigkeit, weil sie ihn letztlich lähmt, jemals zu handeln, stellung zu beziehen, eine ›eigene meinung‹ zu haben.
»... wenn die kinder einmal beim psychiater gewesen sind, sind sie nachher auch nicht mehr bürgerlich«, ein satz, der durch *mars* selbst widerlegt wird, denn weil zorn seine existenz immerfort und ausschließlich an der existenzform der bürgerlichen gesellschaft mißt, muß er sich als verlierer fühlen und leidet er, läßt er sich zu der meinung hinreißen, daß »glück ist, was funktioniert«, die notwendigkeit eines verbindlichen sinns abstreitend. vermutlich infolge der psychoanalyse, verkürzt zorn seine – zwar neurotische – reaktion auf und gegen die gesellschaft zu persönlicher inkonsequenz und/oder impotenz, verfällt er darauf, seinen wunsch, die schweizer kreditanstalt in die luft zu sprengen, als symbolischen anschlag wider seinen vater zu interpretieren. nein, die psychoanalyse bildet in ihren patienten gewiß keine gesellschaftskritiker heran, vielmehr mystifiziert, symbolisiert, mythologisiert, vernebelt sie deren auseinandersetzung mit allen formen der herr-

schaft und liefert bestenfalls, wenn man danach verlangt, jedem seinen ödipus. zorns krebs entwickelt sich nicht allein auf dem großbürgerlich-puritanischen nährboden seines elternhauses, wie er glaubt, weder die entjungferung noch das ›normale funktionieren‹ auf allen gebieten hätte letzten endes diese art von suizid unterbunden. allerdings glaube ich, daß zorn während der analyse vielleicht zum ersten mal erfahren hat, was kommunikation sein könnte: er ertrotzt sie sich, doppelt dafür bezahlend (mit arzthonoraren und mit dem leben). seine krebserkrankung führt eine begrenzte kommunikative situation herbei (analytiker-patient), mit ihr entsteht für eine kurze zeitspanne identität: der todkranke zorn beginnt mit der niederschrift seines als verfehlt empfundenen lebens.
verbaltherapie auch bei herhaus (selbsthilfe-organisationen).
bernward vesper stieg eines tages aus: »zehn jahre lang habe ich versucht, die verhältnisse zu verändern. aber sie haben sich nicht geändert. das leben verläuft, während wir noch immer damit beschäftigt sind, die verhältnisse so zu verändern, daß wir leben können. ich halte das nicht länger aus« und »wir können nicht ewig mit dem erigierten glied der hoffnung herumlaufen, ich kann es einfach nicht durchhalten, diese hoffnung«, schrieb er 1970, als er von der apo auf acid umgestiegen war. sich selbst revoltieren – ist das zwangsläufig ein kamikaze-unternehmen?
»... vereinzelung und zerstörung jeder hoffnung führt hunderttausende zur masochistischen vernichtung ihres lebens durch alkohol und drogen«; diese bemerkung aus *die reise* hervorzuheben wäre überflüssig, wenn sich die presse nicht entblöden würde, die dealer als ursache des »rauschgift-mißbrauchs« darzustellen, noch dazu die ›lösung des problems‹ in der liquidierung von händlern sowie gewissen drogen zu sehen. jene leute, die zerbrochen worden sind, werden immer ein mittel finden. »solange es uns nicht gelungen ist, irgendeine der ursachen der menschlichen verzweiflung zu beseitigen, haben wir nicht das recht, zu versuchen, die mittel zu beseitigen, durch die der mensch versucht, sich von dieser verzweiflung zu befreien« (artaud, 1925). die trip-erlebnisse vespers – typographisch hervorgehoben! – sind austauschbar und streckenweise banal (hat man c. g. jungs archetypen studiert, kann man sie auch unter acid reproduzieren), der andere teil seiner reise ist es ganz und gar nicht.
worauf wollte ich hinaus? die chancen zu überleben sind für den geringer, der es nicht schafft, wenigstens für minuten *seinen geist aufzugeben,* das heißt, irgendeine art von transzendenz zu akzeptieren. solidarität, kommunikation etc. verhindern keinen suizid. wer klar gesehen hat, absolut illusionslos, den bringt die gesellschaft um. unzufriedenheit, wut, zorn, krebs – es sind die falschen zellen, die verrückt spielen.

(in seinem vorwort zu *mars* warnt adolf muschg jene leser, die nur schale kost gewöhnt sind, indem er dem buch literarische qualitäten abspricht, es ein autistisches dokument nennt und unterstellt, diesem gebräche es an der gabe, »einem leser *unwillkürlich* zu herzen zu gehen«. glückliche meinungswissenschaftler! welche raster, mit denen ihr operiert, geben euch das recht zu so viel frechheit?)

*

ausspruch von b.: es ist immer gut, zu den dingen distanz zu halten –
die statements der anekstatischen, die sich immer nur als zynische betrachter des ›films realität‹ verstehen, vielleicht aber bloß die schlechteren schauspieler sind.
offensichtliche authentizität wäre also ausdruck der beherrschung des spiels, verkrampfung und angst, sich schwimmen zu lassen. die zwei techniken zur konservierung von identität: sich niemals selbst einbringen und permanent andere attackieren, provozieren.

*

in der letzten, kleinsten schachtel, mein lieber, steckt nicht das ›ganz andere‹, sondern ein nichts, eine banalität, ein schlechter witz. suche und öffne sie also nicht, wenn du dir die frustration ersparen willst. (ebensogut könnte ich ›stirb!‹ sagen.)

*

empfindlichkeit, sensibilität gilt unter barbaren als wahnwitz, wer sich zu ihr bekennt, spricht sein eigenes todesurteil.

*

sich selbst lieben können, um ich-los leicht wie eine feder zu werden und überleben zu können (nietzsche); umgekehrt könne nur derjenige von sich sagen, daß er ein dreck sei, wenn er wahnsinnig werde oder sich ändere (wittgenstein).

*

die erkenntnis ist die billigste der huren.
lernen, wie eine sau zu denken.

*

mir nimmt niemand ab, daß ich manchmal überhaupt nichts denke, nur plunder absorbiere: eine rein mimische täuschung.

*

wenn ich ab sofort lauter spräche, deutlicher (kohärenter), wenn ich meine vorstellungen (durch überempfindlichkeit bedingt falsche) rascher korrigieren könnte und empfindungen ihr echo in meinen gesten fänden ... wäre das höchstens ein rollenwechsel.

*

während des sechstägigen wartens auf b. gesichtshalluzinationen. jeder beliebige kopf alarmierte mich. beim zweiten hinsehen mußte ich die täuschung ›einsehen‹. was ist bei diesem zweiten hingucken passiert. andererseits habe ich b's gesicht gar nicht genau studiert. es existiert in kürzester zeit nur noch in meiner vorstellung und es könnte sein, daß ich beim nächsten hinschauen mein mentales bild auf das gesicht projiziere, ohne wirklich zu ›sehen‹.
pointillismus.

*

die vorstellung, daß ich – euphorisiert – selbstgespräche nicht in deutsch führe, beunruhigt diejenigen, denen ich davon erzähle. sie täuschen besorgnis vor.

*

das gewohnte bild: ein zimmer betreten und das gefühl haben, nicht allein zu sein. der aberglaube, daß sie einen in horizontaler lage entweder nicht erreiche oder weniger angreife: die angst.
die andere variante des versteckspiels: in menschenansammlungen flüchten und sei es nur, um zu erfahren, daß ich in der depression meine stimme bis zur unverständlichkeit zurücknehme.

*

kommunikation, der zusammenhang sind das *unmögliche*, einzig die sprache spiegelt das gegenteil vor. ich verstehe mich durchaus, es ist jedoch illusorisch zu glauben, man könne ›sich verständlich machen‹: auf das, was ich sage, projiziert ein zweiter jeweils seine vorstellungen, die mit den meinen wahrscheinlich nichts gemeinsam haben – wahrscheinlich, weil dieser prozeß unüberprüfbar bleibt, verhindert doch die sprache das verstehen.
›den‹ sinn gibt es ebensowenig wie ›die‹ identität, beide müssen also

von *denjenigen* erst – per identifikation mit der kommunikation – produziert werden, *die ihrer bedürfen.*

*

– was willst du?
zerrissen werden. ohne ich, denken usw.
– was fürchtest du?
u. a. die abwesenheit von sinn, genauer: die sie begleitende angst.
– also wünschst und fürchtest du zugleich die angst.
– was kannst du nicht, obwohl du es willst?
lachen, weinen, mich selbst lieben – ausnahmen nicht mitgezählt.
– wer berät dich?
der tod, dann alle traumähnlichen phantasmen und bilder.
– du willst also jeweils das, was augenblicklich untangierbar ist.
idiot! daraus folgt ein scheißdreck . . .

*

b., nebenbei solche dinge wie »es wäre jetzt gleichgültig, ob wir tot wären oder nicht« von sich gebend, gefällt sich darin, angesichts von menschenmengen zu behaupten, sie hätte das gefühl, einem life-film zuzusehen, ohne zu sehen, daß auch sie zu seinen akteuren gehört (für andere). den bumerang effekt von undifferenzierten urteilen über ›die masse‹ usw. bedenken.

*

ich versuche mich b. zu nähern, muß aber die berührung auf halbem wege abbrechen, die rechte hand zurückziehen, da sie schmerzt: ungläubiges erschrecken, als ich auf der innenhand und am daumen blutige schnitte bemerke, die von einer rasierklinge stammen müssen. der zweite anlauf bringt mir zusätzlich die verletzung der linken hand ein – diesmal keine schmerzempfindung. der horror läßt mich mitten in der nacht aufwachen. wie ein echo des traums der intensive eindruck, völlig mit blut verklebt zu sein (schweiß).
der traum, eigentlich eine reprise nach vier bis fünf jahren, fusioniert verschiedene elemente: die farbe der kleidung von b. (rot), striemen an der innenseite ihres handgelenks, ein gespräch, in dem ich mich als »offene wunde«, nackter unter gut gepanzerten ausgab und solche menschen als wichtig bezeichnete, die es verstünden, einem das messer in die richtigen stellen zu rammen.
der traum sagt mir, daß eine person, die mit rasierklingen die gefähr-

dung ihrer integrität von außen abwehrt (auf so heimtückische weise!), wohl alska ist.

*

warum die fortgesetzte diskriminierung psychiatrisierter autoren? einerseits ruft navratil ernst herbeck zum »interessantesten lebenden österreichischen dichter« aus, ediert aber dessen gesamtwerk unter einem pseudonym (*alexanders poetische texte,* münchen 1977).
die beiträge sieben anderer »namhafter« autoren, die dem buch zwecks »legitimation« (navratil) beigegeben sind, ich lese sie – von zwei ausnahmen abgesehen – wie armutszeugnisse, die herbeck eher beschämen als daß sie ihn in den rang des dichters einsetzen. gerhard roth schreibt über ›alexander‹ wie einst waiblinger über hölderlin: auch in seinem report findet sich die »stille würde«, die verniedlichung eines (wenn auch gebrochenen) aufständischen durch einen ignoranten.

*

bei manchen leuten habe ich den eindruck, daß ich ihnen früher (in welcher, anderen, welt?) bereits einmal begegnet bin. die anziehungskraft, die von ihnen ausgeht, hat nicht unbedingt ein kommunikatives, verbales äquivalent: es ist so, als würde man sich genau kennen, als sei das spiel gemacht. wir haben uns nichts zu sagen als eben jene feststellung.
umgekehrt denke ich bei leuten, die sich als gefroren, unbewegbar erweisen, daß man sie vielleicht besser später ... wiedertreffen sollte.
[september–oktober '77]

»wenn wir den zug nehmen, um nach tarrascon oder rouen zu fahren, so nehmen wir den tod, um unter die sterne zu gehen. sicher ist bei dieser überlegung wahr, daß wir ebenso wenig im *leben* uns auf einen stern begeben können, als wir gestorben den zug besteigen können.« (van gogh, 1888/89)

*

batailles verbrämung des elends in *das halleluja* (VII.) möchte ich kollmanns (?) these gegenüberstellen, die keiner philosophischen spekulation über die freundschaft, sondern einer erfahrung entspricht, der ich zustimme: *geteiltes leid wiegt doppelt schwer,* es addiert, potenziert sich. sagen, daß freundschaft usw. niemals an externen, z. b. materiellen barrieren zerbricht, heißt einem gefährlichen romantizismus verfallen.

*

ekel, aggressivität und wut füllen die lücke ›angst‹.
meine verbitterung ist so groß, daß sie mir alles produktive unmöglich macht (selbst kein von negativität oder destruktivität getragenes schrei(b)en, auch keine schrift, die sich formal selbst zerstört).

*

(aus dem gespräch mit einer unbekannten. wir vereinbarten gleich, die austauschbaren ›angaben zur person‹ nicht zu berühren, auch unsere namen zu verschweigen, damit identität in der schwebe zu lassen.
ich stand in einer kneipe, trank, rauchte, hatte für stunden kein wort geredet – das übliche . . .)
– glaubst du *anders* zu sein?
– ich bilde mir ein, authentisch zu sein. gleichzeitig sehe ich mich aber mit, als hätte ich permanent einen spiegel vor mir und beobachte mich.
dem statement mißtrauen.
diese art von selbstkontrolle kann nur eine richtungsänderung erfahren, sofern es jemand versteht, mich zu ›treffen‹, zu verletzen, indem er mir zeigt, was an dem ›authentischen‹ bloß schauspiel war. die prämisse, daß ich verletzt werden kann, besteht darin, daß mir die andere person nicht gleichgültig ist.
das ganze hat nur sinn, wenn dieses spiel endlos vorangetrieben wird: identität, eine der schönsten mystifikationen, zersetzt sich unter dem druck ihrer infragestellung, hebt sich indessen nicht gänzlich auf. bleibt jener rest von individualität, der nicht zur identität beiträgt. nicht kommunizierbare empfindungen, die sich der kommunikation entziehen, von außen nicht korrigierbar, in frage zu stellen sind (dem zweiten fehlt gewissermaßen der kode, um mich zu erreichen: deutlich im rausch, in der depression).

*

vergessen
warten
schweigen

feel like strike down everybody
murder is in the air

*

alaska
she put her fist through the window pane
it was such a funny feeling. (lou reed)

*

schild für meine wohnungstür: fragile. handle with care!

*

kafka (»es gibt unendlich viel hoffnung ... nur nicht für uns«) paraphrasiert von
achternbusch (»du hast keine chance, aber nütze sie«).

*

haß und verbitterung sind mit die sichersten anzeichen für idealismus, ironischer: illusionismus. sie sind die reaktion auf eine zurückgewiesene oder unerwidert gebliebene liebe, die nicht begraben wurde.
andererseits entledigt sich derjenige, der sein affektives leben kastriert, zugleich aller hoffnung, daß er veränderbar sei, sich verändern könne. er über-lebt bloß noch, stirbt ab. die wut dagegen ist destruktiv, also kreativ, selbst wenn sie sich gegen einen selbst richtet – letzteres heißt man in seiner verdünnten form ›selbstkritik‹.

*

die sinnfrage stellt sich nicht immer angesichts eines mangels (die leere), sie kommt mir wie eine ableitung des schmerzes vor, treten doch denken und leiden paarweise auf.

*

batailles satz über die identität von begierde und angst, gelesen durch proust: »da sich begehren immer auf einen gegensatz richtet, zwingt es uns zu lieben, was uns leiden macht«. es wäre ein irrtum, daraus den schluß zu ziehen, das leiden sei begehrenswert.

*

die präsenz ist eine täuschung. befinde ich mich irgendwo – ganz gleich, ob in einer mit reizen gesättigten atmosphäre oder nicht, sei es allein oder in einem gespräch –, bin ich zwar präsent, hier, aber nicht da. dennoch registriere ich die situativen wahrnehmungen, die ich zu beliebiger zeit, an einem anderen ort, abberufen kann (replay). die fiktionalisierung (interpretation) der mit ›wirklich‹ adjektivierten informationen/daten beginnt bereits mit deren aufzeichnung, mit der ›unmittelbaren wahrnehmung‹.

*

die wunde der katalysator der kommunikation.
ein passant, solange er geht, kommuniziert sehr wenig; stürzt er aber... (weshalb menschenaufläufe bei unfällen nicht bloß auf pure sensationslust zurückzuführen sind.)

*

am 31. 12. 76 las ich heidi schmidts *anfälle.* ich will mich nicht dazu verleiten lassen, ihre »art zu leben« mit derjenigen danielle sarréras, etwa, zu vergleichen: »wir schreiben nicht dem entsprechend, was wir sind, wir sind dem entsprechend, was wir schreiben« (maurice blanchot). und gerade der unmögliche versuch, den körper schreiben zu lassen, die schrift dem sein soweit wie möglich anzunähern (und umgekehrt), das machen die imperfektionen, die brüche – sie allein zählen – in den diaries der h. s. sichtbar. unter dem signum der repressiven entsublimierung läßt h. s. ausgiebig das geschlecht sprechen: geschwätz, das seinen gegenstand unfreiwillig (?) banalisiert. letzteres mag klauke mit seinen »erotographischen tagesberichten« und -zeichnungen intendiert haben – neben der selbstdarstellung, deren ›korrektur‹ – demystifikation der person klauke – die bücher h. schmidts u. a. anstrengen. wenn die wut schreibt...

*

– welchen gebrauch machst du eigentlich von der sprache?
– wahrscheinlich lange nicht in einen spiegel geguckt, sonst würdest du sehen, daß du ein brechmittel bist, ein dreck, ein stück scheiße (antwort, die im entscheidenden augenblick immer ›fehlt‹).

*

eine woche fast absoluten schweigens (autokommunikation, schreiben). entzugs-symptome. mir ist zum kotzen vor angst. physisches unbehagen. nicht bloß mangels kommunikation, sondern mangels menschen. deren alleinige anwesenheit manchmal beruhigt.
ich begreife meine nächtlichen streifzüge immer weniger als jagd- oder beutezüge (objekt: kommunikation): sie sind in erster linie eine ableitung exhibitionistischer wünsche (minimierung der identität).

*

die furcht ein poetischer zustand (rage: poesie)

*

a. spielt ein wenig ›femme fatale‹, ohne über den ansatz hinauszukommen. die gesteigerte sensibilität kleidet sich ›frivol‹ und gibt diese technik obendrein zu.

*

mich ins schwimmen gebracht bis an den rand der selbstvernichtung (suicide ride).
wie kommt man zur inertheit und resistenzfähigkeit der barbaren – ohne deren brutalität. einzig der nichtbesitz einer waffe bewahrte mich bisher davor, zum mörder zu werden.

*

entweder die begierde/angst verzehrt dich allmählich, oder du stillst die begierde ... indem du sie tötest (kann heißen: aneignung des begehrten objekts oder suizid). unblutige ›aufhebung‹: das objekt der begierde verliert seine ganze anziehungskraft.
encore ...

*

wenigstens sollte man den zwang, den druck sehen, unter dem der kollmann-briefwechsel steht. ich verwechsle schreiben nicht mit ›eine notdurft verrichten‹. die frage heißt, welches das ... ste fahrzeug ist, nicht, wohin die reise mich führt.

*

meine rede, meine schrift negiert diejenigen, an die sie sich wendet (jene, die mich ›verstehen‹).

*

»kann man nicht mehr auswandern, wird man seine eigene reise.« (alex silber, 1974)

[november '77]

*

der neue kurs

sagen, eine gewisse politische resignation und theoriemüdigkeit habe die neue empfindsamkeit geweckt, wäre eine pauschalierung. gerade jene retrospektiven, die jetzt fortwährend angestellt werden (z. b. das *kursbuch* 47 f.: ›zehn jahre danach‹, ›frauen‹, ›sinnlichkeiten‹), unterschlagen, daß es '68 und seit '68 durchaus keine einheitsfront politisierter agitierender künstler gab (brinkmann, wiener aktionismus etc., um keine neoklassizisten zu nennen). die konstatierte resignation, regression auf das ›private‹ hat also nur für einzelne gültigkeit. die wende fällt natürlich besonders bei jenen auf, deren kunst linientreu war bis zur idiotie.

jetzt scheint die zeit gekommen, tagebücher, seine biographie zu schreiben. an den *gedruckten* arbeiten fällt mir auf, daß sie in der hauptsache events, bizarre, verschlungene lebensläufe in szene setzen – das verschlungene ist aber die norm, nicht das umgekehrte (siehe die ›ereignisarme‹ existenz eines flaubert, kafka, van gogh). ferner gibt es wieder reisejournale (z. b. ralf thenior, *text + kritik*-jahrbuch) … s e e h [illegible] cht nach ›wirklichen‹, erlebten abenteuern? die fü[illegible] mich au[illegible]n schriften artauds entstanden wärend seiner konfinierung, das m. e. interessanteste werk von bataille, die *expérience intérieure*, wurde in der zurückgezogenheit geschrieben. was also ist die wiederentdeckte empfindsamkeit? für einen, der sich mit den erfahrungen, die die texte abzubilden bemüht sind, nicht identifizieren kann … vielleicht eine mischung aus sozialreportage, selbstanalyse (nicht: -entblößung), psychologismus und ungebrochenem vertrauen in den »direkten ausdruck« als garant der »ehrlichkeit« (heidi schmidt). die nachfrage nach solcher sensibilität wird allein vom wunsch nach dem wiedererkennen genährt.

vorsätzliche ›unmittelbarkeit‹, wie in chris bezzels und ralf theniors journalen, verkehrt sich in ihr gegenteil. diese journale wurden im hinblick/ mit rücksicht auf den leser geschrieben. daß daniel dubbe seine *schrittweise annäherung* aus der irritation heraus notierte, bleibt wahrnehmbar, selbst wenn er allzu rasch – bereits beim hinsehen – das persönliche, individuelle in das typische überführt. womöglich üben aber eher die ›szene‹ und die ›typen‹ eine so große anziehungskraft aus, als das wahrnehmungsorgan des autors. nebenbei: es ist eine schwäche, gewisse konstanten eines individuums bloß geschichtlich ableiten zu wollen – so die rückblenden im text, um den familiären kontext zu geben.

dubbes projekt der autodepravation (enthirnung per dreckarbeit) möchte vermutlich eine romantische forderung einlösen, nach welcher dem dichter das attribut der erfahrung (im ›wirklichen leben‹) als unterpfand seiner wahrheit zukommt und das schreiben sich entsprechend der lebensweise des dichters entwickelt. der intellektuelle in dubbe ist es aber, der hingesehen hat und schreibt; mag er im augenblick nun lastwagen fahren oder sonst etwas tun.

*

rechtfertigungsmanie der künstler, schriftsteller, intellektuellen aus schlechtem gewissen. skrupel an der existenzberechtigung ihrer arbeit, an ihrer eigenen existenzberechtigung. unter dem diktat von produktivität und effektivität gerät der artist in den ruf, ein parasit zu sein. ängstigt ihn die einzige ihm vorbehaltene soziologische kategorie der asozialen und arbeitsscheuen? identität und rente – ist es das, was ihr wollt?

*

»wählt man den tod, so kommt eine stärkste vitalisierung auf, nämlich die todesbeschleunigung durch die abenteuer der verwandlungen, also der tod wie der schmerz sind intensitätsverstärker« (carl einstein). die frage ›liebe oder tod?‹ war zentral in artauds leben. sich abtrennen von der welt – mittels askese, opium, isolation – hieß sein programm, das anscheinend diese intensitätssteigerung erfüllt. wollte er eine art energie-akkumulator werden? mit vierzig zieht er in die ›wüste‹ (mexiko, irland), verläßt er für kurze zeit den schmalen grat der kontradiktionen, auf dem er balanciert war, um einen sinn zu suchen, etwas, was der welt mangelt, wie er weiß. von jetzt ab ist die rede von einer persönlichkeitswandlung, er spürt und erwartet, daß ein anderer mensch aus ihm hervorgeht. brutale, wenn auch freiwillige desintoxikationsanstrengungen. der sprung von der menschlichen zur göttlichen liebe. dann der wahnsinn.

*

die schlichtheit philippe sollers' deutung von lucia joyce's schizophrenie: sie habe, da joyce's frau nora die bücher ihres mannes abgelehnt hätte zu lesen, die ehre ihres vaters verteidigen wollen (*tel quel* 70/1977).

*

wem nützte die aufrechterhaltung der differenz zwischen der ›anderen‹ sprache des wahns – und dies meint sämtliche a-signifikanten ströme der wünsche – und der ratiologischen, kommunikativen, ›verständlichen‹ sprache? erstere zur grenze erklärt, gewissermaßen zum komplement, bestätigte sie nicht die rechtmäßige existenz, die hegenomie, die ›wahrheit‹ der vernunft (welche immer nur in einer sprache gegeben ist); den wahrheitsanspruch rationalisierten wahnsinns?
die affirmation des unverständlichen verfolgt ja nicht einfach dessen

assimilation und damit: dessen neutralisierung, es fordert den umsturz der allgemein bindenden logik auf der grundlage dieses unverständlichen.

*

das theater hierzulande ist pädagogisch und repräsentativ, oder es ist nicht.
wenn ich an artauds vorträge, selbstdarstellungen, an sein ›autistisches theater‹ denke, kann ich mir vorstellen, daß ihm rock-konzerte gefallen hätten, nicht: grotowski und co., der weihrauchgeruch, das elitäre publikum, die phobie vor allem technischen und maschinellen, die angst vor der exaltation.
man wird einwenden, rock-konzerte seien kapitalistische installationen, illusionsmaschinen, betäubungsapparate, deren betrieb einzig des profites, nicht aber der ›emanzipation‹ wegen unterhalten werde. ja doch, bei rock-konzerten gibt es verstärker, geschrei, schweißgeruch, drogen und andere unberechenbarkeiten.

*

als ich mit b. über kleidung redete, den traurigen zustand meiner klamotten, hatte ich das gefühl, von ›frau zu frau‹ zu sprechen.

*

verstrickt in einen monolog, werde ich von meinem gegenüber durch eine gegenrede in der weiterentwicklung des monologes unterbrochen. man kennt diesen moment danach: fadenriß, der gegenstand des gespräches ist verschwunden. ich denke, daß dies nicht auf mangelnde konzentration oder auf vergeßlichkeit zurückzuführen ist, sondern vielmehr auf eine gründliche irritation hinsichtlich der bedeutung dieses gegenstandes, hinsichtlich der tauglichkeit der rede, dem gegenstand auch nur annähernd gerecht zu werden.
diesen augenblick des fadenrisses empfand ich jedenfalls als beglükkend. ich bildete mir ein, wir verständen uns endlich. –

*

laures *histoire d'une petite fille* enthüllt, welcher art die anziehungskraft batailles gewesen sein mag: ein priester versuchte als erster sie zu verführen. in ihren aufzeichnungen deliriert sie vom »gott bataille«.

*

beim wiederlesen der auswahl unserer *briefe* der eindruck, daß – abgesehen von der kürzung um ›unwesentliches‹, um plattheiten und rein informative zeilen – etwas fehlt, das vielleicht in den späteren briefen steckt. bliebe die reine darstellung der bewegung des schreibens, des prozesses. oder sollte man brief-verkehr zu den perversionen zählen?

*

batailles gedanken über die begierde daraufhin untersuchen, inwieweit und ob sie mit dem entwurf der orthodoxen psychoanalyse übereinstimmen: rufen sie zur unendlichen entsagung (das ›unmögliche‹) auf, indem sie die begierde als wunsch definieren, der einen wunsch produziert?
[dezember '77]

(erstveröffentlichung dieser fragmente in: k. kollmann/b. mattheus, »briefe über die sprache«, münchen 1978.)

INHALT